Das normale Geldsystem in seiner Anwendung auf Preußen.

Von

Bülow-Cummerow.

Berlin.
Verlag von Veit und Comp.
1846.

Vorwort.

Ein Wort zu seiner Zeit, dies ist das Motto, welches wir uns als Schriftsteller gewählt haben. In der inneren Politik ist neuerdings eine Art Ebbe eingetreten, die religiöse Sturmfluth scheint für den Augenblick etwas ausgetobt zu haben: dagegen tritt eine Geld-Calamität um so bedrohlicher hervor, und nimmt um so mehr die allgemeine Aufmerksamkeit in Anspruch, als sich weder das Ende derselben noch der Umfang des Uebels absehen läßt, in welches sie das Land versetzen kann.

Die Jahre 1844 und 1845, zu welchen leider auch 1846 zu zählen sein möchte, sind Unglücksjahre zu nennen, insofern wir diese nicht als höhere Schickungen betrachten wollen, und darin eine Aufforderung finden, durch weise und

und voraussichtliche Maaßregeln die Wirkung des Unglücks so viel zu mildern, als dem Menschen möglich ist.

Das Jahr 1844 hat über mehrere Provinzen, namentlich Ost- und Westpreußen, großes Elend gebracht, den geringen Wohlstand dieser Provinzen vollends erschüttert; Tausende von Menschen haben wegen Mangel an guter Nahrung ihren Tod gefunden. Das Jahr 1845 ist in der Produktion an Getreide und Futter, wenige einzelne Punkte ausgenommen, weit hinter dem gewöhnlichen Mittel-Ertrag zurückgeblieben; eine allgemeine Theuerung ist die Folge davon.

Wie groß die Opfer sein werden, welche die ländliche Bevölkerung von Schlesien, Preußen und Hinterpommern an Menschenleben und an ihrem Viehstande bringen werde, darüber kann uns erst das Jahr 1846 belehren; so viel ist aber gewiß, daß, wenn uns Gott nicht durch ein gutes Frühjahr hilft, die Folgen sehr traurig sein werden.

England scheint die Rettung nicht vom Himmel allein erwarten zu wollen; es beabsichtigt sich selbst zu helfen, durch die Abschaffung verderblicher Monopole.

Eine zweite Calamität, mit welcher das Jahr 1845 Europa bedrohte, zeigte sich in dem Ausbruch der Kartoffel-

Krankheit. Wenn diese auch glücklicher vorübergegangen ist, als anfangs zu erwarten war, so sollen wir die Warnung des Schicksals, die wir dadurch empfangen haben, nicht unbeachtet lassen. Diese Kartoffel-Krankheit hat uns daran erinnert, daß von dem Gedeihen dieser einzigen Frucht die Möglichkeit abhängt, unsere jetzige Bevölkerung und unseren, uns unentbehrlichen, Viehstand zu ernähren. Wir sollten bedenken, daß eine allgemeine Hungersnoth alle Bande der Gesellschaft löset, und daß es unvorsichtig ist, unsere ganze Existenz von dem Gedeihen einer Frucht abhängig zu machen, die möglicher Weise mißrathen kann; um so weniger sollten wir dies thun, als es noch andere Erdfrüchte giebt, die, wie die Mohrüben-Arten, noch reichere Erträge geben, wenn sie auch etwas mühsamer zu bauen sind.

Eine dritte, viel allgemeinere Noth als die vorherige, hat uns mit steigender Wirkung das Jahr 1844 und 1845 gebracht; dies ist die Geldnoth. Von ihr können wir nicht sagen, daß sie eine Folge der Witterung sei, auch wird der liebe Gott uns keinen goldenen Regen zusenden, um uns durch ein Wunder zu helfen, sondern, da wir diese Noth selbst verschuldet haben, so verlangt er auch, daß wir uns selbst helfen sollen,

Dennoch erkennen wir in dieser Geldnoth die weise Hand einer gütigen Vorsehung.

Der große Lenker der Schicksale der Menschen hat diesen die Kraft und den Geist verliehen, um seine weisen Zwecke fördern zu können, welche auch in irdischer Vervollkommnung und in einem steten Fortschritte bestehen.

Da er nun weiß, wie oft der in Selbstsucht tief befangene Mensch die ihm gestellte höhere Aufgabe zu erfüllen vergißt, er aber seinen Schöpfungs-Plan und die fortschreitende Entwickelung, welche dieser bezweckt, nicht um ein Haar breit abzuändern dem Menschen erlaubt, so sendet er zuweilen die unerbittliche Noth auf Erden, um seinen Willen zu vollstrecken.

Von allen Bürgschaften, welche das Menschen-Geschlecht gegen einen unheilvollen Stillstand oder Rückschritt empfangen hat, steht die Noth obenan. Noch nie hat die Erfahrung die Menschen klüger gemacht, und alle Tage erkennen wir es, daß die Geschichte, welche die Lehrmeisterin der Fürsten wie der Völker sein sollte, verloren ist. Nur die Noth allein steht felsenfest als die einzige Wohlthäterin des Menschen-Geschlechts da; alles Große, was in der Welt geschehen ist, danken die Menschen diesem strengen Vollstrecker des göttlichen Willens. Wo sie besteht, weiß sie sich die rechten Geister zu wählen, um dem höheren Willen Vollzug zu verschaffen. Wo sie auftritt verschwindet die Selbstsucht, die Eitelkeit, die Geistes-Armuth und alle Vorurtheile, die die Menschen von dem rechten Wege abziehen. Die Noth schafft große Geister, die Noth, wenn sie zur rechten Zeit erkannt wird, die wohlthätigsten Institutionen: die preußische Geschichte ist reich an Beispielen, die dies bestätigen.

Die Noth entwickelte die Kraft und das Genie des großen Churfürsten; die Noth allein zwang Friedrich den Zweiten ein Held und ein Administrator zu werden, wie die Jahrtausende nur wenige aufzuweisen haben. Die zur rechten Zeit gewürdigte Noth veranlaßte Friedrich Wilhelm den Dritten seinem Reiche eine neue Gestaltung zu geben; mit wenigen Federstrichen wurden alle die Bande gesprengt, welche die Kraft des Volks früher gefesselt hielten. Ja die Noth sammelte um den preußischen Monarchen ein heldenmüthiges Volk, mit welchem dieser zweimal eine Hauptstadt eroberte, welche kurz zuvor Europa Gesetze vorschrieb; mit einem Worte, die Noth hat Preußen so groß gemacht, als es geworden ist, und die richtig erkannte Noth wird (so wolle Gott), statt zu zerstören, zur Förderung der Wohlfahrt des Reichs führen.

Von den vielen Nöthen, die sich jetzt mehr oder weniger zeigen, ist die Geldnoth diejenige, welche in dem Augenblick obenan steht, da deren zerstörende Wirkung bereits in so vielen Theilen der Monarchie empfunden wird. Mit dieser werden wir uns nun in der nachfolgenden kleinen Schrift beschäftigen, und glauben, daß, um die Ursachen der jetzigen Stockungen in allen Gewerben und des immer tiefer sinkenden Credits richtig zu beurtheilen, es einer mehr allgemeinen Uebersicht und richtigen Würdigung der Geld-Verhältnisse, wie sie bei uns bestehen, bedarf.

Das

normale Geldsystem

in

seiner Anwendung auf Preußen.

Das Geld, mit welchem wir uns in dieser Abhandlung beschäftigen werden, hat eine so vielseitige Bedeutung, daß es dem Scharfsinn kaum gelungen ist, eine vollkommen befriedigende Definition von der ganzen Bedeutung dieses Worts zu geben, in dessen Hand nur zu oft die Wohlfahrt der Einzelnen wie der Völker ruht.

Das Geld, welches alle Menschen bedürfen, wenige zu gebrauchen verstehen, war ursprünglich nichts weiter als der Vermittler beim Austausche der rohen Erzeugnisse. Sowie die Menschen vom Hirtenleben aber zum Ackerbau übergingen, so mehrten sich ihre Bedürfnisse, aus welchen sich der Gewerbfleiß entwickelte und mit ihm der Handel. Die Thätigkeit ward nun eine vielseitigere, und die Völker empfanden immer lebhafter das Bedürfniß des Austausches unter sich. Dies nöthigte sie denn auch ein anderes Medium zu wählen als das frühere war, welches in Getreide, Häuten und sonstigen rohen Produkten bestand, und in der Kindheit der Gesellschaft als Austauschungs-Mittel gebraucht worden war und nicht kapitalisirt werden konnte.

Theils instinctmäßig, anderntheils auch durch eine Sympathie der Menschen zum Golde, wurden nun mit der weiteren Entwickelung ihrer Industrie die edlen Metalle zu dem allgemeinen Medium gewählt. Ihre Seltenheit, ihre Theilbarkeit, ihr geringer Umfang machten sie besonders geeignet dazu, um so mehr, da sie nicht dem Verderben ausgesetzt sind, mithin Eigenschaften besitzen, die den früheren Austauschungs-Mitteln fehlten.

Durch eine tausendjährige Uebereinstimmung aller Völker, die auf irgend einer Stufe der Civilisation stehen, sind nun die edlen Metalle, das Werthloseste, was es in der Welt giebt, zum allgemeinen Austauschungs-Mittel gewählt und durch den Glauben an ihren Werth zum Weltgelde erhoben.

Es giebt kein Wort in unserer Sprache, nehmen wir die Wörter: Gott, Welt und Erde davon aus, welches in Folge der Zeit und der großartigen industriellen und socialen Entwickelung der Völker eine so vielseitige Bedeutung und einen so riesenhaften Einfluß gewonnen hat, wie dieses. Das Geld, welches ursprünglich bestimmt war, der Diener des Verkehrs zu sein, ist der eigentliche Beherrscher desselben und zugleich der der Fürsten wie der Völker geworden, der Götze, den der größte Theil der Menschen anbetet.

Wenn wir nun fragen: wodurch dem Gelde die große Macht zu Theil geworden ist, welche es in der Welt übet, so liegt dies einfach darin, daß es nach und nach zum Maaßstabe des Werthes aller Dinge geworden ist.

Das Geld ist nicht mehr allein das Medium zum Austausch der Waaren, es repräsentirt nicht blos das Kapital, von welchem es selbst einen Theil ausmacht, sondern es ist der Ausdruck aller Werthe; für Geld ernährt, bekleidet sich der Mensch, für Geld befriedigt er seine Wünsche, seine thierischen Gelüste, mit Geld büßt er seine Thorheiten; den Werth der Straßen-Reinigung, sowie der höchsten Production der Künste und Wissenschaften bestimmt ganz prosaisch das Geld; mit Geld erkauft man sich Soldaten, regiert die Reiche; für Geld wagt der Mensch tausendfach sein Leben, und wird er ein Schurke, so bleibt er durch sein Geld dennoch ein gemachter Mann. Mit einem Worte, das Geld regiert die Welt, weil für Geld fast Alles zu haben ist, was der Mensch bedarf und sein Herz begehrt: glücklich aber das Land, wo nicht unbedingt für Geld Alles zu haben ist, wo noch nicht Jeder dem Mammon dient, wo es noch etwas Höheres giebt als das Geld.

Wenn aber in dem Gelde eine Macht und ein Zauber verborgen liegt, welcher die Welt zu unterjochen vermag, wenn es wahr ist, daß sein Vorhandensein oder seine Abwesenheit über das Wohl und Wehe der Völker wie der Familien entscheidet, so drängt sich die Frage auf: ist der Purpur, den es trägt, ein legitimer oder usurpirter? besteht eine Nothwendigkeit, daß es die Welt beherrsche? sind die Krallen, in welchen es das Irdische gefesselt hält, unvermeidliche, oder können wir ihm den Purpur abreißen und es wieder zu unserem Diener machen?

Es geht mit diesen Fragen, wie mit so vielen andern;

sie lassen sich leichter thun als beantworten, und wenn die Antwort gefunden ist, dann treten der Ausführung oft erst die eigenthümlichsten Schwierigkeiten entgegen.

Wenn wir bekennen sollen, was in unserm Gemüthe vorgeht, so liegt in diesem eine souveraine Verachtung des Geldes tief vergraben; es verdrießt uns, in die Nothwendigkeit versetzt zu sein, einen großen Theil der Zeit der Sorge seines Besitzes widmen zu müssen, ja es empört uns, daß dieses elende Metall mit seinem mysteriösen Werth die Achse geworden zu sein scheint, um welche sich das ganze Leben und Treiben der Menschen dreht. Wenn wir dagegen an unseren Verstand appelliren, so sagt uns dieser: höre nicht auf dein Gemüth, dieses gleicht einer Schönen, die uns nur verführt, denn noch nie hat das Gemüth weder im Kleinen noch im Großen die Verhältnisse beherrscht; er sagt uns: halte das Geld in Ehren und verkenne nicht den eigentlichen Nutzen, welchen es gewährt. Was wäre die Welt ohne Geld und die Verhältnisse, die sich an das, was es repräsentirt, geknüpft haben!

Wahr bleibt es, das Geld ist, wenn man es so nennen will, die wichtigste Erfindung auf Erden. Dem Gelde verdanken die Menschen zum großen Theil ihren gegenwärtigen hohen materiellen Wohlstand, dem Gelde die Stufe der Civilisation, auf der wir stehen, ihm und den Mitteln, die es schafft, die geistigen Fortschritte, den Stand der Künste und Wissenschaft, ihm die äußere und innere Sicherheit des Staats, die vielen nützlichen Anstalten zur Förderung des Handels, zur Linderung der Unglücklichen, zur Bequemlichkeit des Verkehrs und zur Vermehrung der Annehmlichkeiten des Lebens. Ja, ohne Uebertreibung bleibt es ausgemacht, daß wir dem Gelde und dem Credit, welchen seine Repräsentation geschaffen hat, eine fünf- bis zehnfach größere Bevölkerung verdanken, als sich ohne Geld zu ernähren vermöchte.

Doch es wird wohl keiner weiteren Auseinandersetzung bedürfen, welche Macht und welchen unendlichen Einfluß das Geld auf unsere Zustände geübet hat und noch übet; es liegt uns jetzt vielmehr die Aufgabe ob, zu untersuchen, durch welche Mittel die Gesammtheit, wie die Einzelnen sich den wohlthätigen Einfluß des Geldes zu sichern vermögen, ohne sich den Calamitäten auszusetzen, welche aus dem Mangel dieses Repräsentanten der Werthe entspringen

Wenn wir bisher dem Gelde herrschsüchtige Tendenzen untergeschoben haben, so fühlen wir uns verpflichtet, ihm dies abzubitten. Das Geld selbst läßt sich führen, wohin man es verlangt; es wandert geduldig aus einer Tasche in die andere; da sich aber der Mensch für Geld alle wirklichen und vermeintlichen Bedürfnisse des Lebens verschaffen kann, und da seine Begierden wie seine Thorheiten unendlich sind, so opfert er nur zu oft seine Ehre, Gesundheit, seine und der Seinigen Existenz, ja Alles, was ihm werth und theuer sein sollte, dem Besitz desselben auf. Strenge genommen ist es daher nicht das Geld als solches, welches uns tyrannisirt, sondern der

Umstand daß es uns in den Stand versetzt, unsere Bedürfnisse jeder Art zu befriedigen.

Derjenige, der immer so viel Geld besitzet als er bedarf, der nicht mehr ausgiebt als er hat, dem ist das Geld ein treuer Diener; wer daher Herr des Geldes werden und sich der Angst und Noth entziehen will, die ihm der Mangel an Geld verursacht, der verwende es mit Klugheit und richte sich mit der Ausgabe nach der Einnahme: es werden wenige Fälle vorkommen, wo dies nicht möglich wäre.

In einem wohl organisirten Staate kann und muß dafür gesorgt werden, daß Jeder in seinem Verhältniß so viel Geld verdienen könne, als er zu seiner und der Seinigen Ernährung braucht, wenn er mit der Hand oder mit dem Kopfe zu arbeiten Lust und Geschick hat und haushälterisch mit dem verdienten Gelde umzugehen weiß.

In dem Lande, wo es andere Proletarier giebt als die durch Alter, Krankheit oder Unglücksfälle dazu gemacht sind, liegt der Grund entweder in der Persönlichkeit oder in den mangelhaften Staats-Einrichtungen, in der Regel in beiden.

Wenn man daran zweifeln könnte, daß ein Hauptzug des menschlichen Charakters der Leichtsinn wäre, so würde der Gebrauch, den die Mehrzahl der Menschen vom Gelde macht, jeden Zweifel beseitigen. Welchen Werth das Geld hat, welcher nützliche Gebrauch von demselben gemacht werden kann, wissen wir Alle, und eben so gut, in welche Verlegenheiten sein Mangel uns versetzt. Und nun erlauben wir uns die

Bitte an den Leser, die Hand aufs Herz zu legen und sich zu fragen: wie viele unnütze Ausgaben nicht Jeder macht, wie viel durch Unordnung vergeudet wird? — Aus dem unzweckmäßigen Gebrauche des Geldes erklärt sich vor Allem die Noth und das Elend, welche den Einzelnen trifft, oft ganze Klassen und Völker ins Elend stürzt; daher halte man das Geld in Ehren.

Eine der größten Krankheiten unserer gesellschaftlichen Zustände ist dieser thörichte und sinnlose Luxus, der allgemein eingerissen ist und alle Klassen ergreift. Wir haben nichts dagegen, daß die ganz reichen Leute Luxus treiben, daß sie die Ueberschüsse ihrer Einnahme diesem zollen; auch mag die uralte Sitte fortbestehen, daß ganz große Thoren ihr Vermögen durchbringen, Narren muß es auch in der Welt geben, und die, die ihr Geld verschwenden, sind gewiß gemeinnütziger als die Ultra-Sparsamen, die selbst den Geldschmutz an ihren Fingern mit Liebe dulden. Allein nicht mehr wie sonst ergeben sich jetzt blos die ganz reichen Leute und die ganz großen Thoren dem Luxus, sondern dieser ist zur Mode geworden; von den höheren Ständen epidemisch in die mittleren und selbst in die unteren übergegangen, ist er eine verderbliche Plage geworden, welcher sich zu entziehen oft der Muth fehlt, um nicht für dürftiger als Andere gehalten zu werden.

Die Folgen dieses thörichten Luxus bestehen aber nicht allein darin, daß sie Noth, Sorge und schlaflose Nächte über die Einzelnen wie über die Familien bringen, und ihnen die

Mittel zu nützlichen Ausgaben rauben, sondern aus dieser Nothwendigkeit Luxus zu treiben, aus der Eitelkeit, Andere darin zu überbieten und aus dem dadurch erweckten Drange nach einem genußreichen Leben, ist ein allgemeiner industrieller Schwindel und eine Spekulationswuth hervorgegangen, die allen soliden Erwerb stört, und selbst diejenigen, welche von den Zinsen eines mäßigen Kapitals leben, oder ihre Familien erhalten müssen, verführt, sich auf ein gefährliches Börsenspiel einzulassen.

Man behauptet zwar andererseits, daß eben aus diesem gesteigerten Luxus sich die höhere Industrie immer mehr und mehr entwickele und viele hunderttausende von Menschen ernähre, die sonst keinen Unterhalt fänden.

In dieser Ansicht liegt ein sehr verführerischer Irrthum; eben die auf diese Weise künstlich geschaffene Bevölkerung ist es, welche die Zukunft der Gesellschaft bedroht, und nur die, unserer Zeit eigenthümliche, Kurzsichtigkeit übersieht dies, weil die Gegenwart die ganze Aufmerksamkeit so in Anspruch nimmt, daß die Zukunft darüber dem Auge entschwindet.

Wenn, wie es nur zu sichtbar ist, der solide Erwerb durch übermäßige Concurrenz und durch den allgemeinen Schwindel sich immer mehr und mehr verliert, die Kapitalien den Gewerben entzogen werden, um Lotterie zu spielen, wenn in natürlicher Folge davon die Verarmung der producirenden Klassen zunimmt, und der Luxus mit den Mitteln ihn zu betreiben wieder schwindet, so fällt dem vermögenderen Theile der Nation entweder die Ernährung der Proletarier anheim, oder der künstlich herbeigeführte Communismus enthebt ihn dessen durch die Vertheilung des Vermögens selbst unter Alle.

Doch es ist nicht meine Absicht, mich hier ausführlicher über die pecuniairen Zustände der Privaten zu verbreiten, da ich die wichtigeren allgemeinen ins Auge zu fassen, mir vorgenommen habe. Inzwischen möchte der Rath hier an seiner Stelle sein: die höheren Stände würden sehr wohlthun, den übrigen das Beispiel einer einfacheren Lebensweise zu geben, sie haben am meisten zu verlieren, wenn einst die Ordnung gestört werden sollte.

Sowie die Klugheit die Privaten auffordert, sich möglichst vor pecuniairen Verlegenheiten zu hüten, so liegt vor Allem der Regierung die Pflicht ob, die Geldverhältnisse des Landes zu ordnen; es ist dies nicht allein die Bedingung ihrer äußeren Macht und inneren Kraft, sondern von der Regelung der Geldverhältnisse hängt der Wohlstand des Landes, die Zufriedenheit des Volkes ab. Ja, es giebt keinen Punkt, welcher schmerzlicher empfunden wird, als wenn die Regierung die materiellen Interessen des Landes unberücksichtigt läßt: nichts ist conservativer, als wenn die Regierung mit väterlicher Sorgfalt für die Förderung des inneren Wohlstandes sorgt; dies sollten die Rathgeber der Krone nie vergessen.

Wenn es je einen Zeitpunkt gegeben hat, die Regierung in dieser Beziehung an ihr eigenes Interesse und an das des Volks zu erinnern, so ist es der gegenwärtige, wo auf der einen Seite die politischen und kirchlichen Bewegungen um so besorglicher erscheinen müssen, als wir uns in beiden in einer sehr kritischen Uebergangs-Periode befinden, und wo auf der anderen die Geld- und Vermögens-Verhältnisse in manchen Provinzen im tiefsten Frieden eine so heftige Erschütterung erfahren haben, wie noch nie zu einer anderen Zeit. Die verschiedenen Ursachen der jetzigen großen Calamität hier zu entwickeln, kann nicht die Absicht sein; eine der wesentlichsten liegt aber in dem Mangel eines festen Geldsystems und dessen consequenter Durchführung.

Es wird überhaupt zu keiner Zeit, und am wenigsten in der jetzigen, eine Staats-Regierung, welche sie auch sei, sich einer inneren Festigkeit erfreuen können, die nicht sowohl in politischer als kirchlicher und administrativer Beziehung sich ein festes System gebildet hat, und dieses mit Consequenz verfolgt; am allernothwendigsten ist dies aber in Hinsicht der Regelung des Credits und der Geldbewegung in einer Zeit, wo die materiellen Interessen eine so große Bedeutung gewonnen haben, und die Cultur des Bodens, die Förderung der Fabrikation und des in- und ausländischen Handels davon abhängen, daß das Geld, welches zu ihrem Betriebe unentbehrlich ist, jederzeit vorhanden sei.

In früheren, noch nicht sehr entfernten Jahren, wo in den damaligen Provinzen der Monarchie der Ackerbau von Leibeigenen und durch Frohndienste betrieben wurde, wo die niederen Volksklassen in bloßen Füßen und Holzpantoffeln einhergingen, der Bauer einen Leinen-Kittel trug, die Weiber sich ihre Kleider selbst webten, die Bürger in den Städten vom Ackerbau lebten und nur nebenbei Schuster und Schneider waren, wo es wenige Fabriken gab, und diese das Monopol besaßen, ihre schlechten Fabrikate theuer zu verkaufen, außerdem noch von der Regierung Unterstützung erhielten, und wo der Handel sich auf den Export roher Produkte beschränkte, für welche dann Colonial-Waaren und Rothspohn*) zurückgeführt wurden; in dieser Zeit war der Geldverkehr sehr gering, und bestand hauptsächlich nur im Zahlen der Abgaben und darin diese wieder zurück zu verdienen; in dieser Zeit bedurfte das Land noch keines ausgebildeten Geldsystems, und aus dieser Zeit schreibt sich auch die Ansicht her, daß es nur nöthig sei, die Finanzen der Regierung zu ordnen und für das Weitere die Individuen selbst sorgen zu lassen. Ja, merkwürdiger Weise haben die Finanz-Männer aus dieser Schule, blind gegen die veränderten Verhältnisse, die längst verdammten Maximen bis jetzt festgehalten, und dadurch die Hülfsquellen des Landes empfindlich erschüttert.

Vergleichen wir nun den vorhin geschilderten Zustand der preußischen Monarchie, wie er vor 1806 bestand, mit dem jetzigen, und wie in Folge der in anderer Beziehung gemach-

*) Der beliebte Rothspohn war ein französischer Wein, der mit Blaubeerensaft alongirt ward. Friedrich der Große sagte einst scherzhaft: „Stettin sei ein großer Weinberg, es führe die doppelte Quantität Rothwein aus als ein!" —

ten Fortschritte die Cultur des Bodens und mit ihr der Wohlstand der unteren Bevölkerung sich gehoben habe. Erwägen wir, daß zum Betriebe des Ackerbaues nicht mehr Leibeigene, sondern Geld verwandt werden muß; erwägen wir, daß seit jenem Zeitraum in der Industrie so blühende Provinzen mit der Monarchie verbunden sind, und in welchem Grade sich der Gewerbfleiß in Folge der höheren Intelligenz, der Anwendung von Maschinen, des vermehrten Kapitals gehoben hat, welche großen Summen Geldes daher jetzt sowohl zur inneren Circulation, als zum Umsatz der Kapitalien gebraucht werden, so wird die dringende Nothwendigkeit klar hervortreten, das Geldsystem Preußens zu ordnen, die vielen und großen Mängel, die in unserem Geld- und Credit-Wesen bestehen, gründlich abzustellen, da diese auf der einen Seite die industrielle Entwickelung des Volks lähmen, auf der anderen den Wohlstand erschüttern, und den Staats-Credit selbst bedrohen.

Die ersten Anfangs-Gedanken eines verständigen Geldsystems danken wir Friedrich dem Großen; allein der Anfang ist auch das Ende geblieben. Friedrich errichtete die landschaftliche Credit-Institution, um den Rittergutsbesitzern die Mittel zu schaffen, ihre unbebauten Grundstücke zu cultiviren, sie dem Wucher zu entreißen.

Das Statut der Landschaft, welches der absolute König seiner Ritterschaft ertheilte, hatte einen rein democratischen Typus: allgemeines Stimmrecht, dreijährige Wahlen, legislative Befugnisse der Korporation. Friedrich übersah es, daß, sollte das Statut nicht ein todter Buchstabe bleiben, er den Korporationsgeist zu erwecken suchen müsse.

Wenn wir nun untersuchen, welche Früchte diese Institution getragen hat, so ergiebt sich, daß der Geist Friedrichs mit ihm davon geflogen sei. Aus den dreijährigen Wahlen sind zum Theil erbliche Sinecuren geworden; der büreaucratische Geist, dem Friedrich entgegenarbeiten wollte, hat sich festgewurzelt; die wüsten Ländereien liegen in den Provinzen, wo nicht die mächtig gewordene Industrie hülfreich hinzugetreten ist, noch immer wüste, der Wucher blüht, wie nie vorher, und die Pfandbriefe sind nur mit Kapitalsverlust zu versilbern.

Die zweite Institution, die wir vorhin ins Auge faßten, ist die von ihm errichtete Staatsbank. Friedrich gründete sie im Jahr 1765 um den Verkehr zu erwecken; nur er konnte sie errichten, weil er allein im ganzen Lande das Geld dazu besaß. Diese vor 80 Jahren, mit Staats-Fonds, in der Kindheit des gewerblichen Verkehrs in Preußen gegründete Bank besteht noch jetzt, aber als eine mittellose, auf Staats-Credit gestützte, die mit den Fonds der Pupillen betrieben wird. Dennoch möchte man ihr Monopol erhalten wissen in einem Augenblick, wo nur durch große, angehäufte Capitalien dem Lande geholfen und einer heftigen Vermögens-Zerstörung vorgebeugt werden kann.

Wie es möglich ist, daß noch ernstliche Zweifel darüber bestehen können, ob eine Staats- oder Landesbank die Bedürfnisse in einer Zeit befriedigen werde, in welcher die Industrie so großer Kapitalien und eines gesicherten Credits bedarf, die Geldnoth eine solche Höhe erreicht hat, daß sie den allgemeinen Wohlstand bedroht, ist nur dadurch zu erklären, daß das Studium der Finanz-Wissenschaft und ihrer Nebenzweige theils ganz vernachlässigt und theils viel zu wenig praktisch aufgefaßt ist, und die Erfahrungen der in der Industrie uns so weit vorgeschrittenen Völker unbeachtet bleiben.

Wenn es richtig ist, daß das Geld eine Macht geworden sei, die jetzt die materiellen Verhältnisse völlig beherrscht, so sollte man sich doch wenigstens die Mühe geben, das Geld selbst kennen zu lernen und die Mittel, wie man sich dieser Macht zum eigenen Nutzen versichern könne.

Von unseren angehenden Staatsdienern verlangt man, daß sie kleine Vielwisser sein sollen, man examinirt sie in allen möglichen Fächern, oder wenigstens zwingt man sie, sich darauf vorzubereiten, in jedem beliebigen Fach den Examinatoren antworten zu können. Man erzwingt dadurch, daß sie eine Menge Gegenstände auswendig lernen müssen, von welchen sie nach dem überstandenen Examen keine Verwendung zu machen wissen, und die sie daher in sechs Monaten vergessen haben.

Alle diese unnützen Studien sollte man ihnen lieber erlassen, dagegen aber fordern, daß sie eine gründliche Kenntniß der finanziellen Zustände sowie der Geldbewegung und ihres Einflusses auf den Ackerbau, die Gewerbe und den Handel nicht nur Preußens, sondern auch der anderen Länder mit in den Staatsdienst brächten, dann würde man die Bedürfnisse des Volkes kennen und nicht zum Nachtheil des Landes Ansichten festhalten wollen, welche die Theorie und die Praxis schon seit einem halben Jahrhundert gänzlich verdammt hat.

Wenden wir uns nun nach diesen allgemeinen Betrachtungen und einigen Seitenwegen, auf welche sie uns geführt haben, wieder dem Hauptgedanken zu, so steht unwandelbar fest, daß bei der Stellung der Verhältnisse, wie wir sie vorfinden und nicht ändern können, das Geld die jetzige Welt beherrscht, und daß in seinem Besitz eine Macht liegt, die, richtig gebraucht, Großes zu schaffen vermag, daß sein Nichtbesitz dagegen die Völker niederdrückt und alle Kräfte lähmt.

Hierin liegt aber eine ernste Aufforderung an jede Regierung, und namentlich auch an die preußische, welche ihre hohe Stellung in dem Völkerbunde nur durch eine innere Kräftigung bewahren kann, sich dieser Macht vollkommen zu bemeistern, sie zur Förderung der höheren Staatszwecke auszubeuten, ihre Wirkung zu verstärken, und ihren Einfluß wohlthätig über das Ganze zu verbreiten.

Dies ist bisher nicht geschehen, man hat sich und das Land von der Bewegung mit fortreißen lassen, welche innere oder äußere, günstige oder ungünstige Conjuncturen zufällig gebracht haben, und hat dadurch zugleich die Uebersicht und die höhere Leitung verloren. Die Aufgabe der Regierung ist es, die Verhältnisse im Großen zu beherrschen, aber nicht sich selbst unter die Gewerbtreibenden zu versetzen, den Banquier der Unterthanen zu machen und sich dazu der Fonds der Minorennen und milden Stiftungen zu bedienen. Durch die Gesetzgebung, durch organische Institutionen und durch Annahme und Verfolgung eines festen Geld-Systems allein ist sie im Stande wahrhaft zu herrschen und die Wohlfahrt des Landes zu begründen.

Das System, durch welches dies am vollkommensten und unter den verschiedensten Verhältnissen bewirkt wird, bezeichnen wir mit der Benennung eines normalen Geldsystems. Die Aufgabe, welche es zu lösen hat, umfaßt folgende wesentliche Punkte:

daß das Geld sowohl zum Betriebe des inneren wie äußeren Verkehrs nie fehle; desgleichen, daß es sich frei über das ganze Land zu bewegen vermöge, nirgends müßig liege und nirgends in Stockung gerathe. Ferner, daß die Geldkräfte nicht durch mangelhafte Finanz- und Staats-Einrichtungen geschwächt, die Abgaben möglichst fruchtbringend verwendet werden; endlich, daß durch die Gesetzgebung und durch organische Institutionen der Credit eine feste Unterlage erhalte, daß es auf der einen Seite den geldbedürftigen Grundbesitzern und Gewerbtreibenden ebenso wenig an Gelegenheit fehle, Dahrlehne bekommen, als auf der andern die Capitale nützlich verwenden zu können.

Richten wir nun von der Gesammt-Aufgabe, welche das Geldsystem zu lösen hat, unsere Aufmerksamkeit den speziellen

Punkten zu, so steht oben an, daß die nöthige Masse des Geldes als des Vermittlers des gesammten Verkehrs vorhanden sei. Der Reichthum eines Landes hängt von der Fruchtbarkeit seines Bodens, von der Gewerbthätigkeit seiner Bewohner, von seinen merkantilischen Beziehungen und von vielen anderen Dingen ab. Der Geldvorrath, der sich im Lande befindet, bildet immer nur einen sehr kleinen Theil dieses Reichthums; allein in ihm liegt das Mittel zum Zweck. Um sich nun desselben unter allen Umständen zu versichern, hat man künstliche Wege einschlagen müssen; diese sind:

sich für den inneren Verkehr ein Landesgeld zu schaffen, für den raschen Umlauf des vorhandenen Geldes zu sorgen, wodurch seine Wirkung vervielfältigt wird, vor Allem aber auf so vielen Punkten als die Lokalität es fordert, große Kapitalien zu koncentriren, um dem Credit dadurch eine feste Begründung zu geben, denn der große Verkehr der Völker kann nur durch einen möglichst festen Credit vermittelt werden; dieser ist das grobe Courant, das Metall- und Landes-Geld nur die Scheide-Münze. Die meisten Geld-Verlegenheiten entstehen immer daraus, wenn der Credit fehlt und diese Scheide-Münze nun die Geschäfte des Credits, als des Geldes im Großen, übernehmen soll.

Vorhin ist entwickelt, daß die edlen Metalle, durch die Uebereinstimmung aller civilisirten Völker über deren Gültigkeit, zum Weltgelde erhoben worden seien. Da Preußen aber keine edlen Metalle besitzt, so muß es diese vom Auslande für seine werthvollsten Produkte erkaufen, und befindet sich dadurch in der nachtheiligen Lage, bei zunehmendem Verkehr und daher zunehmendem Bedarf an Circulations-Mitteln, dieses vom Auslande theuer bezahlte Geld zum inneren Verkehr verwenden zu müssen. Hierin liegt eine Verschwendung der eigenen Mittel, denn zur Belebung des inneren Marktes ist ein Landes-Papiergeld nicht nur viel geeigneter, bequemer und wohlfeiler zu beschaffen, sondern es steht auch in unserer Macht, es jederzeit nach dem Bedürfniß vermehren zu können; wo dieses aber in dem inneren Verkehr das Metallgeld ablöset, da bietet es den Vortheil, die durch seine Ausgabe gesparten Summen an Metallgeld kapitalisiren, oder nutzbar zur Erweiterung des äußeren Handels verwenden zu können.

Wo dagegen dem Papiergelde nicht die Ausgleichung auf dem inneren Markt übertragen ist, bleibt, wenn es an Circulations-Mitteln fehlt, nur übrig, die zum Kapitals-Umsatz und zur Realisation der Credite bestimmten Summen diesem zu entziehen, um sie zum kleinen Verkehr zu verwenden, mithin die zur Erhaltung des Verkehrs im Großen nöthigen Summen zu vermindern und die bereits gewonnenen Kapitalien wieder aufzulösen.

Die unausbleibliche Folge davon muß dann sein: daß in dem großen Geldverkehr der Nation im Innern und mit dem Auslande eine Stockung entsteht, daß die baaren Kapitalien zur Erfüllung der bestehenden Zahlungs-Verpflichtung fehlen, daß der Zinsfuß steigt, das Geld theurer wird und in weiterem Verfolg Grund und Boden und alle Werthe überhaupt sinken, mithin der National-Reichthum schwindet. Alle diese Folgen sind leider bei uns in dem allerbetrübendsten Maaße eingetreten.

Nur in einer Monarchie, in welcher es an Papier-Circulation und an wirklichen Landesbanken zur Sicherung des Credits fehlt, wie bei uns, konnten der Bau von Eisenbahnen und die Summen, die dieser fordert, eine so allgemeine Geld- und Kapitalsnoth hervorrufen, wie wir sie erfahren haben. Die directen und indirecten Verluste, welche die Grund- und Hausbesitzer, die Kapitalisten und Gewerbtreibenden in Folge dessen getroffen haben, sind zu beklagen und ihr Umfang kaum zu berechnen. Jede Vertheuerung des Geldes, die nicht aus der Gelegenheit, mit ihm vortheilhafte Activ-Geschäfte zu machen, sondern aus dem Geldbedürfniß entspringen, wird zu einer Landes-Calamität und die nichtstaatsmännischen und unchristlichen Gesinnungen, welche mitunter laut werden, daß es kein Unglück sei, wenn die Schwachen ausschieden, zeugen nur von einem beklagenswerthen Egoismus.

Inzwischen entspringen noch weitere Nachtheile daraus, wenn das Metallgeld das Haupt-Circulations-Mittel bleibt.

So bedeutend auch der Produkten- und Waaren-Verkehr der Völker unter sich seit dem Pariser Frieden geworden ist, so unterliegt dieser doch immer noch großen Beschränkungen; nur ein Zweig des Verkehrs ist fesselfrei: der Geld- und Papierhandel. Wenigstens 12 Milliarden Thaler läßt sich annehmen, beträgt die ungefähre Gesammtschuld der europäischen Staaten; eine monströse Schuld, welche die Väter den Kindern hinterlassen, ohne daß diesen das Recht zusteht, die Erbschaft sub beneficio inventarii anzutreten.

Der Handel mit diesen Staatspapieren ist auf allen Börsen ein ganz freier geworden, und der Umsatz dieser Weltschuld kann nur mit dem Weltgelde betrieben werden.

Diese Staatsschulden, wir bitten wohl Acht zu geben, repräsentiren Kapitale, welche auf die Hoffnung gebaut sind, daß der redliche Wille stets vorhanden sei, sie zu verzinsen und die Fähigkeit es zu können. So unläugbar dies ist, so natürlich folgt daraus, daß, sowie in einer dieser Beziehungen in einem der Hauptstaaten Besorgnisse eintreten, der geglaubte Kapitalswerth dieser Schuld-Dokumente (in der Kunstsprache „Cours" genannt,) sinkt, und dadurch der Cours aller anderen Staatspapiere mit erfaßt, ja die Börsen von ganz Europa in Bewegung gesetzt werden.

Jede Erschütterung des Credits wirkt aber sofort fieberhaft auf die Bewegung des Weltgeldes, weil dieses als der allgemeine Repräsentant solcher Werthe nun stärker in Anspruch genommen wird. Ein Geldmangel oder die Sorge, er könne entstehen (Geldcrise genannt), ist daher um so mehr die Folge davon, weil in solchen Momenten jeder das Geld anhält, um demnächst seine eigenen Verpflichtungen erfüllen zu können, ohne von seinem Credit Gebrauch machen zu dürfen.

Der periodische Eintritt solcher Geldcrisen steht fortwährend zu erwarten, weil sie die nothwendige Folge jeder politischen Constellation und einer ungemessenen Spekulationswuth sind, die in der Fabrikation und in dem Bau der Eisenbahnen eingerissen ist. Die Aufgabe des Geldsystems ist es, diesem vorzubeugen, damit die Nachtheile dieser periodischen Crisen sich auf die Börsen beschränken, und nicht auf den ganzen inneren Verkehr übergehen und diesen mit erschüttern. Letzteres wird aber immer der Fall sein, wo nicht der innere Markt durch Landesbanken und Papier-Valuta ausreichend unterstützt wird, und zwar durch eine Papier-Valuta, die nicht wiederum auf Credit, wie das Papiergeld der Regierung, basirt ist, sondern auf baare Realisation.

Von der unumstößlichen Wahrheit dieses Satzes überzeugt, oder vielmehr durch das Bedürfniß gezwungen, haben alle in der Industrie vorgeschrittene und um die Wohlfahrt der Nation besorgte Regierungen die Papier-Valuta eingeführt, Preußen und Rußland allein noch nicht; und hierin liegt eine der Hauptursachen, daß die Anstrengungen eines so industriösen und arbeitsamen Volkes als das Preußische nicht erfolgreicher gewesen sind, als es der Fall ist*) und daß die Seg-

*) Unter allen Vorzügen, die England vor Deutschland voraus hat, wenn es sich von einem industriellen Wettstreit handelt, steht sein Capitals-Reichthum oben an. Der Engländer kann die Kapitialen zu seinen Unternehmungen finden und hat das Geld wohlfeil, dies dankt er zum großen Theil seinem Banksystem und Noten-Umlauf. Nichts erscheint lächerlicher, als wenn man mit großer Spitzfindigkeit die Mängel seines Bankwesens,

nungen eines langen Friedens einer bisher verfolgten falschen Theorie als Opfer zu fallen drohen.

Eine höchst merkwürdige Bestätigung der von uns so vielfach ausgesprochenen Ansicht von dem Einfluß der Banken auf die Verminderung der Nachtheile, welche Geldcrisen haben, liefert uns jetzt die Bank von Frankreich. In diesem Augenblick, wo eine so traurige Geldcrise den allgemeinen Wohlstand bedroht, und bei der Stellung Frankreichs zu England und dem Geld verschlingenden Bau von Eisenbahnen in Frankreich selbst nicht ohne Einwirkung bleiben konnte, erklärt die Bank von Frankreich, keine Noten mehr zu haben, sondern ihre Darlehen in baarem Gelde machen zu müssen. Mithin in der Zeit der allgemeinen Geldnoth befindet sie sich im Geldüberfluß. Ja was für unsere eben gemachten Aeußerungen noch viel lauter spricht, geht daraus hervor, daß der französische Finanz-Minister bei Eröffnung der Kammern sagen konnte, unsere 3 pCt. Renten haben in dieser Geldcrise nur um 2 Franken geschwankt; die englischen Stoks um 8 Franken. Welchem Umstande dankt die französische Regierung dies? dem, daß die Bank von Frankreich eine bessere Organisation hat, als die von England und vor allem, daß die französische Regierung nicht der Banquier des

---

an welchen es nicht fehlt, herausklaubet und nun mit ächt deutscher Befangenheit daraus folgert, das Bankwesen sei mindestens ganz überflüssig. Trotz allen seinen Mängeln ist sein Einfluß auf die Industrie unermeßlich, die Fehler lassen sich ja vermeiden.

Landes ist, sondern sich die Privat-Zettel-Bank von Frankreich zu ihrem Banquier gewählt hat.

Wenn man uns gegen die vorhin gemachten Behauptungen einwenden wollte, Preußen habe ja 25,742,347 Thaler Papiergeld in seinen Kassen-Anweisungen ausgegeben, dies sei ja ein Landesgeld, und dennoch sei es fast vom inländischen Markte verschwunden, so ist ein solcher Einwand leicht zu widerlegen. Der Gegenstand ist zu wichtig und bedarf einer näheren Erörterung.

Die von der Regierung ausgegebenen Kassen-Anweisungen sind ein zinsloses Papiergeld; inzwischen ist die Summe theils zu geringe, um auf den inneren Verkehr von irgend einem Einfluß zu sein, anderntheils erklärt sich ihr Ausströmen aus dem Verhältniß, in welchem Preußen mit so vielen deutschen Staaten durch den Zollverein und gegenseitigen Verkehr steht. Dazu kommt die ungünstige Handels-Bilance, besonders der östlichen Provinzen der Monarchie zu den gewerbreichen übrigen Theilen Deutschlands.

Bekanntlich fällt etwa die Hälfte der Eingangszölle auf Preußen; da nun die Kassen-Anweisungen bei Entrichtung der Zölle angenommen werden, und das Papiergeld zu entfernten Geldzahlungen viel bequemer ist, so haben die preußischen Kassen-Anweisungen in ganz Deutschland Cours; und da die fabrikarmen Provinzen der Monarchie einen großen Theil ihres Bedarfs an Manufaktur-Waaren aus Sachsen und aus den südlichen und westlichen Theile Deutschlands nehmen, ohne von dorther wegen der Entfernung Gelder für ihre rohen Produkte zu beziehen, die Remessen mithin in Geld gemacht werden müssen, so liegt hierin der Grund, weshalb die Kassen-Anweisungen aus diesen Theilen der Monarchie so verschwunden sind, daß der Zwang-Cours bereits aufgehoben werden mußte und oft selbst Agio für Kassen-Anweisungen gezahlt wird. Sollten diese irgendwie als Papiergeld den inneren Markt beleben, so müßten statt 25 Millionen mindestens 75 bis 80 Millionen in Umlauf gebracht werden. Dadurch würde die Regierung zwar, wenn sie dieselben zur Abzahlung von Staats-Schuldscheinen verwendete, bedeutend an Zinsen gewinnen, aber eine so große Emission von Papiergeld ist in mehr als einer Beziehung bedenklich, ja selbst gefährlich. Durch sie wird das Geld nur zu leicht entwerthet, was eben so nachtheilig ist, als dessen Vertheuerung. Das Papiergeld ist überhaupt kein geeignetes Landesgeld. Da der Verkehr oft mehr, oft weniger Circulations-Mittel bedarf, so setzt dies eine Einrichtung voraus, es bald häufiger ausgeben, bald wieder einziehen zu können, was mit dem Papiergelde der Regierung nicht ausführbar scheint.

Alle, in so vielen Ländern gemachte Erfahrungen lassen keinen Zweifel übrig, daß, wenn die Emission der Papier-Valuta von der Regierung ausgeht, und nicht die Einrichtung besteht, daß sich durch baare Realisation immer das richtige Verhältniß des Bedarfs herausstellt, mithin die über das Bedürfniß hinauslaufende Summe Papiergeld nicht zurückgezogen wird, dieses im Cours fällt und zwar ziemlich in dem richtigen Verhältniß des mehr ausgegebenen gegen das wirkliche Bedürfniß der auf dem Markte beschäftigten Summe: etwa so, daß, wenn der innere Markt eines Landes 80 Millionen forderte, aber 160 Millionen ausgegeben worden wären, das Papiergeld zum Cours von 50 Procent und vielleicht noch viel tiefer heruntersinken würde. Die in Oestreich, Frankreich, Dänemark und Rußland gemachten Erfahrungen beweisen dies unwiderleglich.

Die Ausgabe von Papier-Valuta, soll sie dem Lande heilsam bleiben und nicht verderblich werden, muß auf wirkliche Kapitalien fundirt sein, und eine Bürgschaft für die jederzeitige Realisation durch Metallgeld bestehen. Dazu werden einmal jeder Regierung die Fonds fehlen, und anderntheils, da sich ihr Verkehr zu den Unterthanen nur auf die Wieder-Ausgabe der Staats-Einnahmen beschränkt, es sich mithin nur von einer geringen Umsatz-Summe, im Vergleich zu dem großen Verkehr des Landes handelt, ihr die Gelegenheit fehlen, das eingehende Papier leicht, und so schnell wie es nöthig ist, wieder in Umlauf bringen zu können.

Nur eine Bank, die, mit großen eigenen Fonds ausgestattet, verpflichtet ist, einen bedeutenden Theil derselben stets mobil zu erhalten, kann mit Hülfe eines starken baaren Fonds die jederzeitige Realisation bewirken; nur sie allein kann das Papier immer wieder in Umlauf bringen, weil sie täglich mehrere Millionen auszugeben Gelegenheit haben wird; eine solche Emission durch die Regierung hat dagegen, wie die Erfahrung so vieler Länder beweiset, wo sie angewandt war, immer zu einer Erschütterung des Staatscredits und Reduction des ausgegebenen Papiergeldes geführt. Auch Preußen hat früher mit seinen Tresorscheinen traurige Erfahrungen gemacht, und geht vielleicht ähnlichen mit seinen Kassen-Anweisungen entgegen. Schon die jetzt im Umlauf befindlichen Summen dieses Papiergeldes, die für den Frieden viel zu geringe ist, kann im Fall eines Krieges große Verlegenheiten herbeiführen.

Unstreitig werden bei der ersten vorkommenden ernstlichen Trübung des politischen Horizonts die Kassen-Anweisungen nach Berlin strömen, um dort die Realisation zu verlangen, um so mehr, da ein so großer Theil, wie gesagt, in Deutschland verbreitet ist. Diese zu bewirken, fehlen aber die Mittel; den Staatsschatz dazu zu verwenden, ist nicht möglich, da dieser der Mobilmachung des Heeres reservirt bleiben muß; die Realisation würde mithin verweigert werden müssen. Welche Erschütterungen des Staatscredits könnte dies veranlassen, welchen Eindruck würde es auf das Ausland machen, welchen auf das Volk, wenn die Regierung nach dreißigjährigem Frieden von vorn herein ihre Verpflichtungen nicht zu erfüllen im Stande wäre? Welche Folgen würde dies endlich auf den ganzen inneren Verkehr üben?!

Bei der geographischen und politischen Stellung Preußens wird es in jeden Continentalkrieg mit fortgerissen werden, und bei den geringen natürlichen Hülfsquellen, die es im Vergleich zu den übrigen Großmächten besitzt, ein Heer ins Feld stellen müssen, welches mit diesen nicht im Vergleich steht, und dessen Unterhaltung mithin nicht aus den Abgaben und Kriegssteuern bestritten werden könnte. Es wird daher zu Anleihen zu schreiten gezwungen sein, und wie theuer wird es diese dann erkaufen müssen?

Freilich werden sich vielleicht Speculanten finden, die in Hoffnung auf unendlichen Gewinn Preußen dennoch Geld borgen wollten; allein diese Anleihen würden dann wieder wie im letzten Kriege nur mit einem Verlust von 40 bis 60 Procent gemacht werden können, die Regierung würde wieder wie damals ihr Papiergeld für voll bei den Steuern zu empfangen und zu 18 Procent auszugeben gezwungen sein, mithin auf einen Theil ihrer Abgaben 82 Procent an der Einnahme in einem Augenblick zu verlieren besorgen müssen, wo die Abgaben sich vermindern und die Ausgaben sich mehren.

Doch von der Weisheit der Regierung steht zu erwarten, daß sie Gefahren wie diese nicht noch durch die Ausgabe von neuem Papiergelde vermehren wird, wie es beantragt sein soll, sondern sie abwende, da es noch Zeit ist, und wo den hohen Behörden die Mittel dazu durch Privat-Associationen dargeboten werden. Das normale Geldsystem fordert nicht allein im Frieden die Sicherung des Credits und die Regelung des Geldumlaufs und was sich sonst daran knüpft, sondern auch für den Fall des Krieges.

Nachdem wir uns nun bemüht haben zu zeigen, auf welche Weise das zum jedesmaligen Bedarf des Verkehrs nöthige Circulations-Mittel am wohlfeilsten durch Banknoten geschafft werden könne, so werden wir jetzt zur zweiten Aufgabe, der bestmöglichsten Verwendung des Geldes, der Sicherung des Credits und Benutzung der Kapitalien übergehen.

Bei dem unendlichen Einfluß des Geldes auf alle Verhältnisse, und da insbesondere der Flor des Ackerbaues, des Handels und der Gewerbe und in Folge dessen der Wohlstand des Volks und die Kraft der Regierung vom Dasein und der nützlichen Verwendung desselben abhängen, so folgt daraus, daß bei der Regelung des Geldverkehrs die Geldverhältnisse aller Klassen des Volks ins Auge gefaßt werden müssen. Wir werden uns erlauben, der Kürze wegen die verschiedenen Gesichtspunkte gedrängt zusammen zu stellen, auf welche es dabei ankommt.

Ein erster würde in der Errichtung von Geld-Institutionen, welche geeignet wären, für die Belebung des Verkehrs in allen Theilen der Monarchie zu sorgen, und in der Regelung eines festen Credits bestehen;

Ein zweiter darin, dahin zu wirken, daß nicht durch eine mangelhafte Einrichtung der Finanz-Verwaltung und des Kassen-Wesens der Geldumlauf unterbrochen oder der Regierung die allgemeine Uebersicht der Geldbewegung und damit zugleich die höhere Leitung derselben entzogen werde;

Ein dritter darin, daß der Realcredit vollkommen gesichert sei, was nur durch Pfandbriefs-Institutionen für ländliche und städtische Grundstücke vollkommen zu bewerkstelligen sein möchte, wodurch zugleich den Kapitalien die Gelegenheit gegeben wird, im Lande selbst eine nützliche Verwendung zu finden und sie dafür geschützt werden, durch verkehrte Operationen aus dem Lande wandern zu müssen, wo man demnächst ihre Absenheit, wie jetzt der Fall ist, schmerzlich vermißt.

Ein vierter darin, daß die freie Bewegung des Geldes und die zweckmäßigste Anlage der Kapitalien nicht durch Monopole gelähmt oder durch einseitige Verwaltungs-Maaßregeln gehemmt werden;

Ein fünfter endlich darin, daß auch da, wo Landesgeld in Umlauf gesetzt wird, dafür gesorgt werde, daß eine bedeutende Reserve von Metallgeld stets vorhanden sei, damit zum Handels-Verkehr mit anderen Ländern oder zur Abwehr von Geldcrisen, welche auf den großen Börsen entstehen, stets die Mittel vorhanden bleiben, im letzteren Falle ihren Einfluß zu mindern, im ersteren den auswärtigen Handel zu begünstigen.

Nur da, wo bei Ordnung der Geldbewegungen die obigen Punkte eine gehörige Würdigung erfahren haben, und durch organische Institutionen gesichert sind, kann das Geldsystem als ein normales betrachtet werden, wobei vor Allem der Gesichtspunkt festgehalten werden muß, daß das Geld im

Staate einmal seinem Eigenthümer, zum Andern auch der Gesammtheit gehört.

Was den ersten und wichtigsten Punkt betrifft, daß es in allen Theilen des Landes dem Verkehre nicht an den zu seinem Betriebe nöthigen Circulations-Mitteln fehle, so kann dieses, wie bereits vielfach angedeutet ist, nur durch Zettelbanken bewirkt werden, die sich, von einem Centralpunkte ausgehend, über das ganze Land durch Filialbanken und Agenturen verbreiten.

Es entsteht hier vor Allem die Frage: von wem sollen diese Banken ausgehen, von der Regierung durch Errichtung von Staatsbanken, oder von einer Association von Kapitalisten?

Wie überhaupt in dem ganzen Verkehr, so besonders in dem des Geldes, ist ein unter allen Verhältnissen gesicherter Credit die Grundbedingung seines Gedeihens. — Eine von den Kapitals-Besitzern gegründete Landesbank, mit großen baaren Fonds ausgestattet, unter eine zweckmäßige Controle der Regierung gestellt und zur regelmäßigen Veröffentlichung ihres Activ- und Passiv-Zustandes verpflichtet, wird sich jederzeit eines festen Vertrauens des Publikums erfreuen, um so mehr, da sie nicht allein unter dem Schutze der Gesetze steht, sondern auch nöthigenfalls dem Publikum der Rechtsweg gegen sie offen bleibt.

Eine Staatsbank, die keine so großen Fonds zu ihrer Verfügung hat als zur Fundation einer solchen Bank erfordert werden, diese aber jedenfalls, wenn sie sie besäße, besser verwenden könnte als durch Banquier-Geschäfte, daher nur auf den Credit der Regierung hypothezirt ist, wird sich auch in Friedenszeiten eines gewissen, jedenfalls aber nur beschränkten Credits erfreuen können; im Fall eines Krieges dagegen schwindet dies Vertrauen, da dessen Führung stets außerordentliche Geldopfer fordert. Ueberdem kann die Regierung selbst durch die Umstände gezwungen werden, über die in der Bank befindlichen Fonds anderweitig disponiren zu müssen, wie dies im Jahre 1807 der Fall war, und die Bank hört dann auf Geschäfte zu machen, hört auf ihre Verpflichtungen zu erfüllen, und der Verkehr bleibt in demselben Augenblick verwaiset, wo ihm die Hülfe am nöthigsten wäre. Zu diesem indirekten Nachtheil tritt noch ein direkter hinzu, nämlich der: daß die Gläubiger der Bank dann nicht nur die Disposition über ihr Kapital, sondern selbst den Zinsgenuß derselben verlieren, und wenn ihnen auch der Rechtsweg offen stände, so würden doch die Executionsmittel fehlen, sowie die Fonds zu ihrer Befriedigung nicht vorhanden wären.

Wollte man hiergegen einwenden, wenn die Regierung in Noth wäre, so könnte sie auch die Fonds der Landesbank fortnehmen, so widerlegt sich dies dadurch, daß ein direkter Eingriff in das Privatvermögen wohl keiner Regierung zugetraut werden kann; auch würde es höchst unweise sein, das Huhn zu schlachten, welches noch goldene Eier zu legen vermag; denn wo eine mit den nöthigen Fonds versehene Landesbank besteht, da wird diese der Regierung im Fall des Krieges eine mächtige Stütze werden können, so lange nämlich die Regierung noch Achtung für das Eigenthum beweiset. Sie wird durch ihre Vermittelung den, durch die außerordentlichen Staats-Bedürfnisse und äußeren Verhältnisse erschütterten, Credit wieder herstellen; die Regierung wird dann in den Kräften der Unterthanen die Stütze finden, ohne welche jede Regierung eine ohnmächtige bleibt.

Von welchem Nutzen eine Landesbank werden kann, hat die Bank von England bewiesen, welche notorisch dem Lande die Mittel gewährte, sowohl die lange Reihe von Kriegen gegen Napoleon durchzuführen, als auch den fremden Mächten Subsidien zu zahlen, ohne daß die Hülfsquellen des Landes versiegt wären; es beweiset dies die Bank von Frankreich, durch deren Vermittelung die Regierung so große Geldgeschäfte gemacht hat bei steigendem Cours der Papiere; es beweiset dies die Privat-Bank von Wien, durch deren Vermittelung es der Oesterreichischen Regierung gelungen ist, den schlechten Zustand ihrer Finanzen bisher zu verbergen.

Wenn nun schon der Umstand allein, daß Staatsbanken nur im Frieden einigen, und wie die eigene Erfahrung lehrt, sehr beschränkten Nutzen haben, dieser dagegen im Kriege, wo der Verkehr und die Regierung selbst ihrer bedürfen, ganz fehlt, den Privatbanken den Vorzug zuerkennt, so treten doch noch andere Umstände hinzu, die jeden Zweifel heben, daß dieser ihnen gebührt.

Sollen Banken ihre Aufgabe lösen, so müssen sie die Kapitalien der Einzelnen sammeln, um eine große Geldmacht zu bilden, die im Stande ist, mit Leichtigkeit und Sicherheit die Geld-Bedürfnisse zu befriedigen, ja es muß die Fähigkeit vorhanden sein, mit der Zunahme des Verkehrs, welchen sie erzeugt, ihre Fonds verhältnißmäßig jederzeit verstärken zu können.

Diese Fundamental-Bedingung einer Bank zu erfüllen ist die Regierung nicht vermögend, und wollte sie sich diese durch Anleihen schaffen, so würde sie sich, ihrer eigentlichen Bestimmung entgegen, auf dem Felde der Privat-Speculation verlieren, und, wie wir weiterhin zeigen werden, nur Verluste zuziehen.

Eine andere höchst wichtige Aufgabe der Bank ist die Erschaffung eines Landesgeldes. Wie schon vorhin gesagt, liegt in diesem eins der wesentlichsten Mittel zum Zweck; einmal, um sich dessen zu überheben, das theuer erkaufte Metallgeld zum Betriebe des inneren Marktes verwenden zu müssen, wozu das selbst geschaffene Papiergeld geeigneter ist; zum Andern, um den inneren Markt von den Geldcrisen der großen europäischen Börsen unabhängiger zu machen, und dadurch zu verhindern, daß nicht thörichter Weise der ganze innere Verkehr den Erschütterungen Preis gegeben werde, welche die Speculationswuth periodisch herbeizuführen pflegt; drittens, um es in der Hand zu behalten, jeden Augenblick, sowie das Bedürfniß der Fabriken und des Handels es fordert, die Circulationsmittel vermehren, oder vermindern zu können.

Vermehrt sich der Drang nach einem Vermittler der Geschäfte, so giebt die Bank Noten aus, vermindert sich dieser, so präsentiren sich die Noten zum Umtausch gegen Metallgeld von selbst.

Da die Bewegung des Geldes und das Bedürfniß des Verkehrs zu vielseitig ist, um die Summe der erforderlichen Circulationsmittel vorher berechnen zu können, so gleicht sich durch die Realisation dies praktisch von selbst aus.

Auch darf nicht übersehen werden, daß eine Aktienbank, ohne die Befugniß Noten auszugeben, schon deshalb unmöglich wird, weil sie den Unternehmern keinen Nutzen mehr verspricht.

Die Geschäftsführung einer Bank, ohne Emission von Noten, ist viel zu kostspielig, um den darauf verwendeten Kapitalien irgend einen angemessenen Zinsfuß gewähren zu können. Eine Bank ohne Noten ist ein Banquierhaus unter Aufsicht der Regierung, und kann um so weniger die Concurrenz mit den übrigen Banquiers bestehen, als diese ihre Geschäfte in der Regel selbst leiten, und sich dadurch Administrations-Kosten und Verluste am Kapital ersparen.

Eine königliche Bank, und besonders eine preußische, darf es sich nicht erlauben, Noten in Umlauf zu setzen; denn wenn die Summe derselben dem Bedürfniß irgendwie entsprechen soll, so würden ihr demnächst, wie vorhin gezeigt ist, die Fonds fehlen, sie zu realisiren. Es ist zwar die Ansicht ausgesprochen, durch Niederlegung von Staats-Schuldscheinen könnte man für den

Fall, daß der Staatscredit nicht ausreiche, die Realisirung decken. Hierin liegt eine Täuschung, denn in dem Augenblick, wo in Folge äußerer Veranlassung Zweifel gegen die Zahlungs-Fähigkeit der Regierung entstehen, sind Staats-Schuldscheine nicht zu verwerthen. Schon oft ist die Erfahrung gemacht, daß in dem Moment einer politischen Crise Staatsschuldscheine überhaupt nicht, und am wenigsten in so großen Summen, zu verkaufen sind, selbst dann nicht, wenn man sie 30 und mehr pCt. unter ihrem Nominal-Werth fortgeben wollte. Keineswegs würde es daher zu rechtfertigen sein, wenn eine Regierung einer Staats-Bank, welche ursprünglich die Bestimmung hat die bei ihr deponirten Gelder der Minorennen und königliche Kassen-Bestände zu verwalten, eine Ausdehnung geben wollte, die in das Gebiet des Privatverkehrs eingreift, dem Lande die Wohlthat von Privatbanken entzieht und zugleich den Staats-Credit in Gefahr bringt.

So beachtenswerth diese Betrachtungen schon aus dem finanziellen Gesichtspunkte sind, um so viel mehr werden sie es, wenn berücksichtigt wird, daß die Regierung ihr Creditnehmen von der Zustimmung der Reichsstände abhängig gemacht hat, und daß sie mithin, je größer die Geldverlegenheiten sind, in welche sie sich versetzt sehen sollte, sich um so mehr gedrungen fühlen könnte Gegenforderungen zu bewilligen, die nicht mit der Wohlfahrt des Landes vereinbarlich sein möchten.

Schon vorhin ist angedeutet worden, in welche bedenkliche Lage sich die Regierung durch die Ausgabe von 25,700,000

Thaler Kassen-Anweisungen befindet, und wie rathsam es sein würde, sich von den in dieser Beziehung eingegangenen Verpflichtungen zu befreien; auf diesem Wege nun noch weiter zu gehen, würde aus den angeführten Gründen sehr bedenklich erscheinen, dagegen desto gerathener, dahin zu wirken, sich durch Errichtung von Landesbanken von dieser Schuld zu befreien, was keinesweges außer dem Bereiche der Möglichkeit liegt, und daher eine Aufforderung mehr enthält, diesen den Vorzug zu geben.

Bei der Wichtigkeit des in Rede stehenden Gegenstandes und dem anerkannten jetzt bestehenden Mangel an Circulations-Mitteln und dem Bedürfniß diesem abzuhelfen, darf endlich nicht übersehen werden, daß die von der Regierung ausgegebenen Banknoten Papiergeld sind, während die Noten einer Privatbank, deren jederzeitige Realisationsfähigkeit durch das Statut gesichert und durch die Regierung überwacht wird, Dispositions-Scheine bleiben. Die Ausgabe aber von einer so bedeutenden Summe Papiergeldes, um die fehlenden Circulations-Mittel zu ersetzen, führt, wie gezeigt ist, zu einer Verminderung des Werthes des Geldes.

Bis jetzt hat keine große Regierung bedeutende Summen Papiergeldes in Umlauf gesetzt, wo dieses nicht eine Reduction zur Folge gehabt hätte. Hiezu muß es aber immer kommen, da durch die Ausgabe von bedeutenden Summen Papiergeldes das Geld so im Werthe sinkt, daß alle diejenigen, die von festen Einnahmen leben, und namentlich alle Beamten, die

Hälfte ihrer Einnahmen verlieren, und nun nicht mehr von diesen leben können.

Wenn aus dem bisher Mitgetheilten klar hervorgeht, daß nur Privatbanken und nicht eine Staatsbank den Verkehr zu beleben und den Credit zu befestigen im Stande sind, so bestätigt dies auch die Erfahrung so vieler Länder vollkommen, denn alle Regierungs-Banken haben ohne Ausnahme dem Publikum wenig geleistet, dem Staate nichts eingebracht und mit Zahlungs-Unfähigkeit geendet. Daß hierzu innere Gründe vorhanden sein müssen, ist wohl kaum zu bezweifeln; wir glauben sie außer in den bereits angeführten Umständen auch darin zu finden, daß bei einer Staats-Verwaltung den Beamten allgemeine Vorschriften ertheilt werden müssen, von welchen sie bei eigener Verantwortung nicht abgehen dürfen. Diese und die Rücksichten, daß sie ihre Geschäfte beim Mangel eigener Fonds größtentheils mit Pupillen-Geldern betreibt, macht es unerläßlich ihren Geschäftsbetrieb auf sehr enge Grenzen zu beschränken. Sie kann daher nur solchen Personen Credit geben, die notorisch die solidesten sind.

Wegen der Schranken, welche um den Kreis ihrer Bewegung gezogen sind, können die Beamten auch nie günstige Conjuncturen benutzen; bis sie sich die Erlaubniß dazu eingeholt haben, sind diese vorübergegangen.

Eine Gesellschaft, die ihr eigenes Vermögen verwaltet, handelt nach eigener Einsicht, macht eine Menge Geschäfte, die dem Lande nützlich sind, die eine Behörde nicht eingehen darf, und wenn sie auch mitunter ein Verlust trifft, so überträgt dies wiederum die Masse der Geschäfte, die sie macht. In der Beschränkung durch Vorschriften und in den bedeutenden Administrations-Kosten und darin, daß eine Königliche Bank, ohne den Staats-Credit in Gefahr zu setzen, keine zinslosen Papiere ausgeben darf, daher nur mit verzinslichen Fonds operirt, liegt die Ursache ihrer geringen Einwirkung und der Verminderung des Nutzens, den sie einbringt, obgleich ihr so viele anderseitige große Bevorzugungen zu Gute kommen.

Welchen segensreichen Einfluß Landes-Zettelbanken auf den inneren Wohlstand des Volks üben, und welche Stütze sie den Regierungen selbst werden können, beweisen, wir müssen das noch einmal in Erinnerung bringen, Frankreich und England; in beiden Ländern sind sie die Grundpfeiler des Staats-Credits und die Hebel der Industrie, welche sich dort entwickelt hat; ohne sie giebt es keine Regelung des Geldwesens, ihre Existenz ist die Bedingung desselben. Inzwischen, um so mächtiger ihr Einfluß ist, um so wichtiger wird es, dem Lande die Vortheile zu sichern, die möglichen Nachtheile zu entfernen.

Die Schattenseiten der Privatbanken haben sich vor Allem dort gezeigt, wo durch eine freie Verfassung es Jedem freistand Banken zu errichten, und wo mithin unternehmende Individuen sich vereinigten, mit sehr geringen Mitteln oder ohne diese, Banken zu errichten und Noten auszugeben. Daß mit so vielem Leichtsinn begonnene Unternehmungen mit eben so vielem Leichtsinn geführt wurden, und ein Schwindel immer wieder neue

Schwindeleien hervorrufen mußte, ist sehr erklärlich; die Folgen davon zeigten sich oft in großen Verlusten, welche diejenigen erlitten, die sich unvorsichtig auf gewagte Geschäfte eingelassen hatten. Von solchen Excessen haben wir Beispiele in England und Amerika gesehen; dennoch hat die Leichtigkeit, mit welcher sich dort die Banken bildeten, im Ganzen höchst günstige Resultate gebracht, denn mehr als $\frac{4}{5}$ derselben haben sich gehalten und Amerika wie England dankt ihnen den Aufschwung ihrer Industrie.

Nichts desto weniger ist es rathsam, Vorsichts-Maaßregeln zu treffen um solchen Schwindeleien vorzubeugen. Das beste Schutzmittel dagegen besteht darin, nur solche Banken zu concessioniren, die mit bedeutenden Fonds dotirt sind, die Ausgabe der Noten auf ein Maximum zu normiren, durch das Statut für die jederzeitig vorhandenen Realisations-Mittel zu sorgen, und die Geschäfte der Bank einer doppelten Controle zu unterziehen, der der Regierung und der des Publikums, letzterer durch Bestellung von Censoren und durch die regelmäßige Veröffentlichung der Activa und Passiva der Bank sowie der in Umlauf gesetzten Noten und des baaren Kassen-Bestandes.

Aber auch selbst die mit großem Kapital dotirten Banken sind zuweilen wegen der Realisation der Noten verlegen gewesen, namentlich ist dies der Bank von England in verschiedenen Perioden begegnet, und zwar dreimal in einem Zeitraum von wenigen Jahren.

Die Verlegenheiten aber, in welche sich die englische

Bank versetzt gesehen hat, entstanden theils aus den eigenthümlichen Verhältnissen dieses Reichs und aus der durch zufällige Kriegs-Subsidien oder Mißerndten herbeigeführten plötzlichen Ausströmung der edlen Metalle, theils aus einer Nichtachtung des Grundsatzes, daß für die ausgegebenen Noten oder niedergelegten Deposita jederzeit ein verhältnißmäßiger Realisations-Fond vorhanden sein müsse.

In England hat sich ergeben, daß die baare Valuta etwa ⅓ der ausgegebenen Noten betragen müsse, wenn die Bank im Stande bleiben soll, diese einlösen zu können.

Der große Verkehr, in welchem England mit allen übrigen Theilen der Welt steht, und der nur mit Metallgeld regulirt werden kann, veranlaßt große Zu- und Ausströmungen, und fordert daher eine größere Metall-Reserve, als wo dies nicht der Fall ist; bei uns würden 25 pr. Ct. vollkommen ausreichen. Inzwischen sind alle diese Verlegenheiten der englischen Bank glücklich vorübergegangen, und haben die großen Verdienste derselben um die öffentliche Wohlfahrt nicht geschmälert.

Ein endlicher Vorwurf, den man den Banken im Allgemeinen macht, besteht darin, daß sie die Spekulation zu sehr erleichtern, und dadurch Gelegenheit geben, daß mancher Einzelne sich zu Grunde richte. Dieser Einwand ist ein leerer; die unentbehrlichsten Dinge sind dem Mißbrauch unterworfen, wir alle werden dem Gebrauch der Messer nicht entsagen wollen, trotzdem daß sich schon Mancher mit diesen den Hals abgeschnitten hat.

Wenden wir uns jetzt dem zweiten Punkte, dem Geldverkehr der Regierung zu, so ist leicht zu erkennen, daß bei einer Brutto-Einnahme von gegen 80 Millionen Thaler es von der höchsten Wichtigkeit sei, daß so große Summen nur so kurze Zeit wie möglich dem Verkehr entzogen bleiben.

Um den vorliegenden Gegenstand gründlich zu beleuchten, müßten wir hier eigentlich auf die Finanzen der Regierung selbst zurückgehen und untersuchen, inwiefern sie dafür Sorge trägt, daß nicht durch die Abgaben einzelnen Landestheilen das Geld zu sehr entzogen, anderen vorzugsweise zugewandt werde, und welche Vermehrung der Staats-Einnahmen eintreten würde, wenn man durch die Verfolgung eines festen Geldsystems den Flor der Gewerbe und den allgemeinen Wohlstand beförderte; inzwischen würde uns dies zu weit führen, und wir haben es nur andeuten wollen, damit uns nicht der Vorwurf der Oberflächlichkeit treffe.

Wenden wir uns nun von dem eigentlichen finanziellen Punkte dem formellen zu, so unterliegt es keinem Zweifel, daß ein Geldsystem nur mit Consequenz verfolgt werden kann, wenn die Regierung ihr Geldwesen mit dem des Volks in Einklang zu bringen versteht, wenn sie die Einheit in ihrer Finanz-Verwaltung einführt, und sich eine Uebersicht der gesammten Geldbewegung verschafft, um diese, wie es ihre eigentliche Aufgabe ist, leiten zu können.

Ein erstes und wesentliches Hinderniß der Verfolgung eines zweckmäßigen Geldsystems liegt in der jetzigen Organisation unserer Finanz-Verwaltung. Giebt es eine Partie, welche die Centralisation fordert, so ist es die der Finanzen. Die Gesammt-Staats-Einnahmen, die Staatsschulden-Verwaltung und die Geldinstitute müssen nothwendig in einer Hand sich befinden.

Bei uns hat zwar das Finanzministerium die Erhebung der Abgaben, allein getrennt von ihm erheben auch die Justiz-, die Post- und die Domainen-Verwaltung Staats-Einkünfte. Das Staatsschulden-Wesen nebst den Geldinstituten sind wiederum einem besonderen Ministerium anvertraut, es besteht mithin in der ganzen Verwaltung der Finanzen keine Einheit, und in Folge dessen keine Uebersicht und die nöthige Einwirkung auf eine systematische Bewegung des Geldes. Zu den Nachtheilen, die hieraus entspringen, tritt noch der hinzu, daß dadurch die Administration so bedeutend vertheuert wird.

Um ein allgemeines Geldsystem einführen zu können, welches dem Bedürfnisse mehr entspricht, würde es jedenfalls unerläßlich sein, sobald die Umstände es gestatten, die jetzt gestörte Einheit in dem Finanzwesen wiederherzustellen. Keinem preußischen Finanz-Minister wird es möglich werden, diese in den Finanz-Operationen zu erhalten, so lange noch die Zerrissenheit in dieser Partie fortdauert, und die Verfolgung eines jeden nützlichen Plans von der Zustimmung anderer Verwaltungs-Behörden abhängig bleibt. Die Nachtheile, welche es hat, wenn der Chef der einen Finanz-Partie im speciellen Interesse derselben den Zinsfuß herunterdrückt, während sich in einer anderen zum Bau der Eisenbahnen ein neues ungewöhnlich starkes Bedürfniß nach Capital ausspricht, sind leider in frischem Andenken, und der beklagenswerthe Zustand, in welchen dadurch das Land versetzt worden ist, klagt lauter, als alle Federn es vermögen. Um so bedenklicher erscheint es, daß sich jetzt aus denselben Ursachen eine ganz ähnliche Verschiedenheit der Ansichten kundgiebt. Dem Finanz-Minister liegt vor Allem die Sorge ob, den Eingang der Steuern, die Basis der Finanzen, zu sichern. Von ihm hängt in einem Staate, wo die indirecten Steuern den bedeutendsten Theil der Einnahmen abwerfen, der Flor der Finanzen ab. Die Höhe der indirecten Steuern wird aber bedingt von dem Grade des Wohlstandes und von der größern oder geringern Consumtion, die mit diesem in der engsten Verbindung steht. In der Sache selbst liegt es daher, daß sich der Finanz-Minister für die Errichtung von Landesbanken erklärt, die allein im Stande sind, den Credit wiederherzustellen und die Gewerbe neu zu beleben. Ebenso hat der Finanz-Minister das größte Interesse auch den Staatscredit unter allen Umständen vor Erschütterungen zu bewahren, es zeigt daher von einer richtigen Erkenntniß seiner Aufgabe, wenn er sich gegen eine Vermehrung der Staatsschuld und der Staatspapiere erklärt, und eine möglichste Verminderung derselben beantragt.

Der Chef der Geldinstitute dagegen hat als Vertreter

derselben ein ganz getrenntes Interesse, er erstrebt den Flor der seinem Ressort untergeordneten Bank, und glaubt diesen durch die Ausgabe von Banknoten zu erreichen. Für welche Ansicht sich die höhern Landes-Interessen erklären, kann wohl nicht zweifelhaft erscheinen, allein während eines solches Kampfes würde viel, sehr viel zu Grundegehen, und nur die Herstellung der Einheit in dieser Administrations-Partie kann ähnliche Calamitäten abwenden.

Eben so mangelhaft als der Finanz-Organismus ist das ganze Kassen-Wesen, nicht mangelhaft in der Art der Verwaltung oder wegen einer zu geringen Controle, sondern mangelhaft wegen der zu vielen Kassen, durch welche die Abgaben sich bewegen müssen, bis sie aus der Hand der Abgabepflichtigen wieder in die des letzten Empfängers gelangen. Drei, vier bis sechs Monate braucht das Geld, bis es die Wanderung durchgemacht hat, und es möchte eine geringe Annahme sein, wenn man durchschnittlich die Summe der, in den Königl. Kassen außer Circulation gesetzten Gelder auf 20 Millionen veranschlagt, welchem noch die großen Summen hinzugerechnet werden müssen, die todt im Staatsschatz liegen und sich höchst wahrscheinlich auf das Doppelte belaufen.

Nicht nur die Zinsen sind es, die von diesen Summen verloren gehen, sondern auch der Gewinn muß in Anschlag gebracht werden, welcher mit diesem Gelde hätte gemacht werden können, wenn es nicht der Industrie entzogen wäre. Rechnet man diesem Verlust noch die Ausgabe für das Gehalt der Beamten und für Büreaukosten hinzu, welche größtentheils bei einer zweckmäßigeren Kassen-Einrichtung gespart werden könnten, so wird man es gerechtfertigt finden, wenn das Kassenwesen vorhin als mangelhaft bezeichnet worden ist.

Bei Einführung eines normalen Geldsystems, welches keine unnützen Ausgaben und kein müßiges Geld duldet, würde daher das jetzige Kassen-Wesen nicht beizubehalten sein, sondern das Geldgeschäft einer Bank übertragen werden müssen, welche die Gelder von den ersten Einnehmern direkt empfängt, und laut Anweisung an den Empfänger auszahlt. Die Erörterung, ob diese Bank eine Staats- oder Privatbank sein müsse, würde hier zu weit führen; inzwischen könnte eine jede Bank für die Benutzung der Gelder das Geschäft umsonst übernehmen und der Regierung dadurch eine sehr große Ausgabe ersparen.

Wenden wir uns jetzt der Sicherung und erleichterten Benutzung des Realcredits zu, so steht dieser in genauer Beziehung mit der nützlichen Verwendung der Kapitalien und der freien Bewegung des Geldes und Kapitals, weshalb wir alle drei Gegenstände zugleich besprechen werden.

Sowie durch Banken dem Handel und den Gewerben die Mittel zu ihrem Betriebe am vollkommensten gewährt werden, und sich für einen Theil des Kapitals ein weites Feld zur Benutzung eröffnet, so bedarf auch der Grundbesitz eines gesicherten Credits, besonders in solchen Landestheilen, wo, wie in den alten Provinzen, die Bevölkerung geringe ist und sich noch der Grund und Boden ungetheilt in den Händen einzelner großer Gutsherrn befindet.

Daß ein dringendes Bedürfniß des Grundbesitzers sich verschulden zu können, um seine Güter zu verbessern, seine Kinder abzufinden, sich bei Unglücksfällen wieder aufzuhelfen, vorhanden sei, ist außer Zweifel; es liegt in diesem Bedürfniß nach fremdem Kapital auch wiederum für einen Theil der Kapitalisten eine Gelegenheit ihr Kapital unterzubringen.

In der Aufgabe des normalen Geldsystems liegt es nun, diese wechselseitigen Interessen möglichst zu vereinigen. Während ein Theil des Kapitals der Belebung des Verkehrs und der Spekulation zugewandt ist, strebt ein anderer Theil mehr nach Unbeweglichkeit. Der Besitzer des mobilen Kapitals sucht den möglichst höchsten Gewinn von diesem zu ziehen und scheut dabei nicht die Gefahr des Verlustes. Andere Kapitals-Besitzer behelfen sich lieber mit einem geringeren Zinsfuß, wenn ihr Kapital nur vollkommen gesichert bleibt, und wie die ersteren dahin streben, ihr Kapital mobil zu erhalten, um jede zufällige Conjunctur benutzen zu können, so liegt es im Interesse der letzteren ihr Kapital, wenn es einmal sicher untergebracht ist, gegen Wechsel geschützt zu sehen.

Ein ganz mit diesem übereinstimmendes Interesse haben die Guts- und Hausbesitzer: jede Kapitals-Kündigung ist ihnen unbequem und die erneuerte Unterbringung oft mit Sorgen und immer mit Kosten verbunden. Es liegt mithin im beiderseitigen Interesse, in einem erleichterten Geschäftsverkehr zu einander zu stehen. Hierauf ist denn auch von Seiten der Regierung theilweise, aber unvollkommen, hingearbeitet worden durch Einführung der Hypotheken-Bücher und durch die landschaftlichen Credit-Vereine in den alten Provinzen der Monarchie und in dem Posenschen.

Obgleich beiden obengenannten Institutionen ein richtiges Prinzip zum Grunde liegt, so ist doch die Anwendung höchst mangelhaft geblieben. Die Hypotheken-Verfassung hat sich in so weitschweifige und lästige Formen gehüllt, daß sie dadurch oft mehr hemmend als fördernd wirkt; zugleich veranlaßt sie so große Kosten, daß sie eine drückende Last für die Grundbesitzer geworden ist.

Die Pfandbriefs-Institution dagegen, welche sich nur auf die Rittergutsbesitzer beschränkt, alle anderen Klassen der Grund- und Hausbesitzer ausschließt, ist, wie wir dies noch weiterhin entwickeln werden, veraltet, und wenigstens in vielen Provinzen nicht mehr geeignet, den Zweck ihrer Gründung zu erfüllen: die Rittergutsbesitzer dem Wucher zu entziehen, ihnen den Credit zu gewähren, dessen sie bedürfen, um ihre Güter in Cultur zu bringen und sich im Besitz derselben zu erhalten.

Um den Beweis zu führen, wie nöthig es nicht nur im Interesse der Einzelnen, sondern auch der Gesammtheit sei, den Credit der Grundbesitzer durch zweckmäßige organische Institutionen zu sichern, wird ein flüchtiger Blick auf die gegenwärtigen Zustände ausreichen.

Durch die Gunst der Vorsehung hat Preußen sich jetzt eines dreißigjährigen Friedens erfreut, eine Gunst, deren unsere Vorfahren noch nie theilhaftig waren. Die Segnungen dieses Fiedens sind auch eingetreten, theilweise mehr oder weniger, theilweise aber kaum erkennbar. Letzteres ist selbst in großen Landestheilen der Fall und namentlich in Ost- und Westpreußen, in Oberschlesien und in dem Cösliner Regierungs-Departement von Hinterpommern.

Die traurige Lage dieser Landestheile ist von ihren Bewohnern, von den Ständen und von der Presse vielfältig zur Sprache gebracht, jedoch übersehen worden. Jetzt ist der faktische Beweis geführt, daß ihr Wohlstand ungeachtet eines so langen Friedens sich so wenig verbessert hat, daß eine Mißerndte hinreichte, die B-wohner mancher Theile dem Hungerstode nahe zu bringen, daß auch wirklich in einigen Kreisen von Preußen die Sterblichkeit sich verdoppelt und verdreifacht hat, und daß die Regierung die ländliche Bevölkerung zum Theil ernähren und die Gutsbesitzer durch Geldvorschüsse unterstützen muß, um sie im Besitz zu erhalten.

Wenn man nun ferner erwägt, daß diese Zustände in einem Lande eingetreten sind, welches nur Ackerbau treibt und ganz dünne bevölkert ist, so weiset dies auf wesentliche Gebrechen hin, denen nothwendig abgeholfen werden muß. Hier auf die verschiedenen Ursachen derselben weiter einzugehen, würde zu weit führen. Gewiß ist es aber, daß diese Landestheile, und in ihnen die ländliche wie die städtische Bevölkerung sich in einer sehr gedrückten Lage befinden, und daß die nächste Ursache davon in der geringen Boden-Cultur zu suchen ist. Einige fruchtbare Gegenden ausgenommen, liegen in diesen Provinzen zusammengenommen, mehrere hundert Quadratmeilen wüst, und selbst dem cultivirten Theil fehlt die Bodenkraft und der Grad der Cultur, welcher gegen Mißerndten schützt, oder wenn diese durch Natureignisse herbeigeführt werden, wenigstens den Besitzern die Mittel gewährt, Unglücksfälle zu übertragen.

Eine wesentliche Ursache aber, warum so große Strecken unbebaut liegen und die in Cultur genommenen wenig einbringen, findet sich in dem Mangel an Betriebs-Kapital und in dem Mangel an Credit, um sich dieses verschaffen zu können.

Die Richtigkeit dieser Behauptung wird Jeder, der mit den Verhältnissen irgend bekannt ist, bestätigen müssen. Unglücklicher Weise trifft der jetzige Geldmangel mit ungünstigen Erndten zusammen, wodurch sich die Calamität so gesteigert hat, wie es leider der Fall ist; nur schlennige und durchgreifende Mittel können der weiteren Zerstörung des Vermögens Einhalt thun und diese Landestheile wieder emporbringen.

Der Grund, weshalb man die Ursachen des Uebels so spät erkannt hat, liegt wohl darin: daß die Bedrängniß sich immer erst in einzelnen Erscheinungen kundgiebt; die weniger Vermögenden sind es, die immer als erste Opfer fallen, und man ist nur zu oft geneigt, nicht den obwaltenden Zuständen, sondern der Persönlichkeit die Schuld beizumessen; inzwischen wenn auch die Schwächeren das Trauerspiel eröffnen, die Vermögenden folgen nach, und dann erkennt man erst den wahren Sitz der Krankheit.

Wo der Ackerbau große Culturkosten fordert, wo es an Kapital fehlt, wo das Geld theuer wird, erfolgen Aufkündigungen. Um diesen zu begegnen, müssen die Kapitals-Bedürftigen sich, eben weil der Credit fehlt, dem Wucher in die Arme werfen, und werden so nach und nach mit zu Grunde gerichtet. Uns sind viele Fälle bekannt, wo bei guter Sicherheit 10 bis 15 pCt. Provision bezahlt sind; andere, wo schon im Sommer vorigen Jahres die diesjährige Wollschur und das zu dreschende Getreide zu niedrigen Preisen verschleudert wurden, um nur das Tagelohn bezahlen zu können; ja es ist ein Fall bekannt geworden, wo einem großen, in Verlegenheit sich befindenden Gutsbesitzer seine Negocen 100,000 Thaler gekostet haben. Daß die städtischen Bewohner der vorhin bezeichneten Provinzen, in welchen es an Fabriken fehlt, und in denen der Ackerbau die einzige Quelle des Erwerbs bildet, nahrungslos bleiben, wenn diese versiegt, liegt in der Natur der Sache. Ja es ergeht ihnen selbst noch schlechter, wie dies die vielen Subhastationen beweisen, mit deren Ankündigungen alle Amtsblätter gefüllt sind.

Wie groß die allgemeine Noth sei, bestätigen die unzähligen Anforderungen an die Hülfe des Staats. Inzwischen ist die Regierung unvermögend, diesen zu genügen. Eine direkte Unterstützung hat in der Regel nur einen augenblicklichen Effect, organische Institutionen sind vorzugsweise vermögend, solche Uebelstände gründlich zu heilen.

Wenden wir nun den Blick zurück auf die Pfandbriefs-Institutionen, so würden sie ganz dazu geeignet sein, den Grundbesitzern einen soliden Credit, den Kapitalisten eine passende Gelegenheit zur Unterbringung ihrer Kapitalien zu gewähren, wenn sie das geworden wären was ihr Stifter beabsichtigte. Die Pfandbriefe, auf Grundwerth gestützt, durch die allgemeine Garantie aller Betheiligten und der Regierung selbst verstärkt, auf den Inhaber lautend, mit Zins-Coupons versehen, haben den großen Vorzug, daß sie den Gläubiger und Schuldner außer Berührung bringen, und die Nachtheile, in welchen der vom Geldmarkt entfernte Grundbesitzer steht, ausgleichen.

Wenn diese Institutionen aber ihren ursprünglichen Zweck nicht erfüllen, so liegt die Ursache in der Verknöcherung, welche sie theilweise erfahren haben; die höchst freisinnige Grundverfassung ist in eine schwerfällige, büreaucratische übergegangen. Während der Grundbesitzer, welcher einer Kündigung begegnen will, in einem halben Jahre zahlen soll, vergehen, z. B. in Pommern, bis zur Bewilligung der Pfandbriefe zwei auch drei Jahre. Dazu kommt, daß die Taxprincipien sich noch aus dem vorigen Jahrhundert fast unverändert erhalten haben, während der Ackerbau eine ganz andere Gestalt gewonnen hat, weshalb denn auch bei manchen Landschaften durch die aufgenommene Taxe die Güter entwerthet, der Credit des Besitzers daher nicht gehoben, sondern vernichtet wird. Die landschaftlichen Taxen in manchen Provinzen schätzen, weil sie zu niedrig sind, oft die Güter nur auf ein Drittel ihres Werthes ab; angenommen, der Besitzer wäre bis zur ganzen Höhe einer solchen Taxe verschuldet, so wird sein Credit als völlig erschöpft betrachtet, Niemand borgt ihm mehr, während noch zwei Drittel des wirklichen Werthes seines Guts schuldenfrei sind.

Am allerempfindlichsten trifft aber die Convertirung der Pfandbriefe diejenigen, die, durch die Zeitverhältnisse gedrängt, für die Folge Pfandbriefe aufnehmen müssen.

Durch die Heruntersetzung des Zinsfußes auf 3½ Procent und durch die Unkündbarkeit der Pfandbriefe von Seiten des Gläubigers, sind diese bereits unter pari gesunken, und da die Aufnahme von Pfandbriefen Jahre lang dauert, so wagt es Keiner solche zu fordern, weil nicht abzusehen ist, wie weit sie bis dahin, wo sie ausgefertigt werden, heruntergehen können.

Um nun die Wirksamkeit der Pfandbriefs-Institutionen wieder herzustellen, würde nöthig sein, das bisherige Reglement einer Revision zu unterziehen, und den schleichenden Geschäftsgang zu beseitigen; ferner Taxprinzipien anzunehmen, die einen mehr gleichmäßigen und annähernden Werth zu ermitteln im Stande sind, als es bei den jetzigen der Fall ist; endlich es den Grundbesitzern, die von Neuem Pfandbriefe aufnehmen wollen, zu erlauben, sie auf 4 Procent Zinsen auszustellen und die Verpflichtung einzugehen, diese neu ausgefertigten Pfandbriefe den Inhabern in einem Zeitraum von 15 oder 20 Jahren nicht kündigen zu dürfen. Der Vorschlag ist ein praktischer, seiner Ausführbarkeit steht nichts entgegen, und wir empfehlen es der Regierung und den landschaftlichen Institutionen, ihn zu beherzigen. Allein soll die Pfandbriefs-Institution nicht eine einseitige Wirkung erhalten, sondern den Forderungen eines normalen Geldsystems entsprechen, so muß sie sich nicht allein auf die Rittergüter beschränken, sondern über alle Grundbesitzer ohne Ausnahme verbreiten.

Gleich den Ackerbesitzern bedürfen auch die städtischen Hausbesitzer Credit-Institutionen; inzwischen würden diese von den der Ackerbesitzer getrennt bleiben müssen.

Das Bedürfniß Credit-Vereine der Hausbesitzer zu gründen, hat sich in neuerer Zeit, besonders in Berlin, recht lebendig kundgegeben, eine Menge von Projecten, die in letzter Zeit veröffentlicht sind, bezeugen es.

Die Bildung von Associationen dieser Art liegt nicht allein im Interesse der Hausbesitzer, sondern eine geregelte Bewegung des Kapitals ist davon abhängig, daß so große Summen, wie auf den Häusern der Monarchie als Schuld lasten, und die vielleicht mehrere hundert Millionen betragen, nicht den Schwankungen des Geldmarktes unterworfen bleiben. Wer einsieht, wie heilsam es überhaupt sei, das Geldwesen im ganzen Staate zu regeln, wird sich hiervon ebenfalls überzeugen müssen.

Inzwischen selbst den allgemeinen Gesichtspunkt bei Seite gesetzt, so darf schon die Gefahr, welche dem Wohlstande, namentlich dem der Hausbesitzer der Residenz, im Fall eines Krieges droht, nicht unbeachtet bleiben. In einem solchen Augenblick würde das Militair und Alles was diesem anhängt, die Stadt verlassen. Die vielen Fremden und vielleicht auch das diplomatische Corps würden ein Gleiches thun. Eine Menge Quartiere und zwar die größeren würden dann leer stehen, und um so weniger wieder zu vermiethen sein, als sich auch die Rentiers einschränken zu müssen glauben würden, weil sie nicht wissen, ob die Zinsen ihrer Fonds eingehen werden. Die natürliche Folge davon wird das Fallen der Miethe sein, wozu sich dann gleich Kapitals-Kündigungen gesellen werden, da die Sorge für das Kapital dazu treibt, und das Geld in solchen Zeiten höher benutzt werden kann. Subhastationen nehmen nun überhand, und wo finden sich dann die Käufer, die das Geld haben, die Häuser auszubezahlen.

Gegen alle diese Uebel kann freilich ein Credit-Verband nicht schützen; allein es wird dadurch wenigstens dem Sinken der Häuser-Preise eine Grenze gezogen. Angenommen der Werth der Häuser in Berlin betrüge beispielsweise 30 Millionen und die jetzige Verschuldung derselben $\frac{4}{5}$ ihres Taxwerthes, mithin 24 Millionen; wenn nun durch Hausbriefe etwa $\frac{3}{5}$ dieser Summe, mithin 18 Millionen in unkündbare Hausbriefe, au porteur lautend, verwandelt wären, so würden nur 6 Millionen der Kündigung unterliegen, und der Preis der Häuser sich immer über $\frac{3}{5}$ halten, weil nur das Mehrere beim Ankauf zugezahlt zu werden brauchte.

Aber nicht allein im Kriege, sondern vor Allem im Frieden würden solche Associationen von Nutzen sein. Die Hausbesitzer, besonders in den gewerbreichen Städten, treiben Geschäfte, die sie öfters nöthigen, eigene Häuser zu besitzen; gewiß nur nothgedrungen schwächen solche ihr Betriebs-Kapital durch den Ankauf derselben, und sehr störend auf den Betrieb ihres Geschäfts kann es werden, wenn sie Kapitals-Kündigungen begegnen müssen. Wird ihnen aber auf Höhe von $\frac{3}{5}$ des Werthes diese Sorge abgenommen, so verstärkt sich ihr persönlicher Credit, weil sich dieser Theil ihrer Schuld in eine Rente verwandelt hat.

Die Vortheile einer solchen Association treffen aber mit dem Hausbesitzer auch den Gläubiger, denn sein Kapital ist dann unter allen Umständen gesichert, er hat es nie mit einem säumigen Zinsenzahler zu thun und kann sein Papier allenfalls auf der Börse verkaufen.

Doch verlassen wir hier die Betrachtungen über den speciellen Nutzen, welchen ein geregelter Credit dem Acker-, Haus- und Kapitalsbesitzer gewährt, und richten unsern Blick zurück auf die Gesammtheit, so ist es unzweifelhaft, daß alle Leiden, welche in Folge der Nicht-Annahme eines Geld- und Creditsystems die Einzelnen treffen, immer mehr oder weniger, direkt oder indirekt das Ganze mit berühren. Denn wie der zunehmende Flor und der reichere Erwerb der einzelnen Klassen immer wohlthätig auf die Verbreitung eines allgemeinen Wohlstandes einwirkt, so bleibt umgekehrt die Verlegenheit der einen Klasse nie ohne nachtheiligen Einfluß auf alle anderen; daher treffen auch alle Erschütterungen des Vermögens und des Credits selbst diejenigen mit, die von diesen direkt nicht berührt werden.

Eine weitere Entwickelung des Planes selbst, welche Organisation eine städtische Credit-Association erhalten müßte, würde uns zu weit führen, nur bemerken wir, daß es rathsam scheint, sie nach dem Vorbilde der Pfandbriefs-Institutionen einzurichten, wenn sich anders ihr Nutzen bewähren soll. Sogenannte Hypotheken-Banken, wie man sie projektirt hat, sind unausführbar. Ueberhaupt werden Credit-Associationen der Hausbesitzer nicht eher mit Sicherheit einzuführen sein, bis vorher große Landesbanken ins Leben gerufen sind, um einem solchen neu geschaffenen Papier Cours auf der Börse zu verschaffen.

Nachdem wir bis jetzt den Leser mit den Mitteln zur Förderung des Wohlstandes bekannt gemacht haben, glauben wir noch darauf hinweisen zu müssen, wie gegenwärtig in Hinsicht des hypothekarischen Credits Maaßregeln geduldet werden, die gegen alle Grundsätze eines normalen Geldsystems verstoßen.

Es ist bekannt, wie schwer es auf der einen Seite den Grundbesitzern fällt, selbst auf eine gute Sicherheit Darlehen zu erhalten; auf der anderen Seite befinden sich in der Königlichen Bank etwa 22,600,000 Thlr. Gelder, den Pupillen und milden Stiftungen gehörig, die die Behörden nicht haben unterbringen können, und die erstern nur zu $2\frac{1}{2}$, letztern zu 3 Prozent verzinset werden; wie erklärt sich dies? — Die Regierung selbst hat in dem Statut der Bank, welches bei ihrer neuen Organisation im Jahre 1817 erlassen ward, wiederholt festgesetzt, daß Pupillen-Gelder nur dann bei der Bank belegt werden sollten, wenn sie für den Augenblick nicht besser untergebracht werden könnten. Ihre wohlmeinende Absicht ging mithin damals entschieden nicht dahin, so große Fonds zu sammeln, um mit den Geldern der Minorennen vortheilhafte Geschäfte für sich zu betreiben, sondern diesen nur einen augenblicklichen Zufluchtsort anzuweisen.

Daß jetzt ungeachtet des Geldbedarfs der Grundbesitzer dennoch so große Summen bei der Kgl. Bank niedergelegt worden sind, hat seinen Grund einestheils darin, daß die Pfandbriefe nur $3\frac{1}{2}$ Prozent tragen und dem Inhaber noch möglicher Weise mit Kapitalsverlust drohen, mithin die Pupillen-Behörden die Belegung bei der Königlichen Bank vorziehen, wo sie wenigstens für den Augenblick keinen Kapitalsverlust besorgen dürfen; anderntheils in dem Umstand, daß es den Pupillen-Behörden nachgesehen wird, sich abweichend von den allgemeinen gesetzlichen Bestimmungen ihre eigenen zu bilden nach welchen sie die Pupillen-Gelder weggeben. So z. B. hat das Kammergericht den Grundsatz angenommen, daß es keine Darlehen auf Rittergüter bewilligt, wenn die Sicherheit auch vollkommen pupillarisch ist, sobald nur die geringste Summe Pfandbriefe voreingetragen steht. Diesem Beispiel sind die Renten- und andere Anstalten gefolgt. Zwar zeigen sich alle diese in der Regel bereit, wenn die voreingetragenen Pfandbriefe abgelöset werden, das dadurch vergrößerte Kapital herzugeben; allein die Abtragung der Pfandbriefe ist leider, wie wir zeigen werden, ebenfalls durch falsche Maaßregeln erschwert, und da die Pfandbriefe nur $3\frac{1}{2}$ pCt. Zinsen tragen, so liegt hierin überdem für den Schuldner eine Erhöhung des Zinsfußes.

Auf ähnliche Weise, sagt man, hat das Berliner Stadtgericht beschlossen, keine Gelder außer den Mauern von Berlin fortzugeben. Viele Gerichtshöfe wieder verleihen keine Kapitalien außerhalb ihres Gerichts-Departements u. s. w.

Daß die Regierung dies erlaubt, weiset darauf hin, daß man die Nothwendigkeit eines erleichterten Credits nicht anerkennt, und daß die höchsten Behörden es den unter ihnen stehenden gestatten, ohne Rücksicht auf die Landes-Gesetze und Interessen, nach ihren Particulär-Ansichten zu verfahren. *) Die Nachtheile hiervon treffen die Guts- und Hausbesitzer, welche Kapitalien suchen, sowie die unter der Oberaufsicht des Staats gestellten Pupillen und frommen Stiftungen, welche,

*) Es sind uns mehrere Fälle in neuester Zeit bekannt geworden, wo, wenn Vormünder sich bei dem Justiz-Minister über diese von den Gesetzen abweichende Praxis beschwert haben, dieser eingeschritten ist. Inzwischen wie selten entschließen sich die Vormünder dazu, bei den höchsten Behörden klagbar zu werden.

da sie von der Königlichen Bank nur respective 2½ und 3 Prozent erhalten, während sie 3½ bis 4 bekommen könnten, mithin 1 Prozent jährlich oder 226,000 Thaler verlieren, um dieser einen Betriebsfond zu gewähren.

Allein auch von den höchsten Behörden gehen Bestimmungen aus, in welchen eine richtige Würdigung vermißt wird. So z. B. wurden bei Ertheilung der Erlaubniß zur Convertirung der Pfandbriefe zwei solche getroffen, die unzweckmäßig sind.

Die erste ist, daß während die Pfandbriefs-Gläubiger nur 3½ Prozent Zinsen empfangen, die Schuldner aber 4 Prozent zahlen, das halbe überschüssige Prozent zur Kündigung von Pfandbriefen und zu ihrer Amortisation verwendet werden soll.

Der Zweck dieser Maaßregel scheint gewesen zu sein: die Verschuldung zu vermindern; sollte dieser in Erfüllung gehen, so mußte gleichzeitig die weitere Verschuldung untersagt werden, was nicht möglich ist; es bewirkt mithin weiter nichts, als daß von dem langen Schuld-Faden ein kleines Ende vorne abgeschnitten und hinten wieder angestückt wird. Eine Amortisation, die 200 Jahre braucht, ist keine; jetzt sollte wenigstens nachgegeben werden, daß die Gutsbesitzer auch nur 3½ Prozent zahlten. In ihrer jetzigen Form erscheint das Convertirungs-Gesetz als eine Maaßregel, welche dem Gläubiger ⅛ seiner Revenüen nimmt, und dem Schuldner nichts hilft.

Die zweite dieser unzweckmäßigen Maaßregeln besteht darin, daß der frühere Austausch der Pfandbriefe untersagt ist.

Bisher war es hergebracht, daß wenn der Schuldner Pfandbriefe abtragen wollte, er Pfandbriefe von gleicher Höhe wie auf seinem Gute eingetragen waren, der Landschaft zum Umtausch einreichte und diese dann bei den Zins-Zahlungen den Umtausch veranlaßte. Dem Inhaber eines Pfandbriefes kann es bei der allgemeinen Garantie gleichgültig sein, auf welchem Gute dieser eingetragen steht. Dieser Umtausch ist ungeachtet der Gegenvorstellungen der landschaftlichen Behörden aber untersagt und bestimmt worden, daß, wer Pfandbriefe ablösen wolle, diese kündigen müsse.

Die Nachtheile hiervon treffen beide Theile; der Pfandbriefs-Inhaber, der seinen Pfandbrief behalten will, muß ihn ausgezahlt nehmen, und der Schuldner muß die Kündigung der Pfandbriefe etwa dreiviertel Jahre vorher der Landschaft anzeigen, Caution bestellen und hat eine Menge Kosten zu tragen und Weitläuftigkeiten zu bestehen, ehe er zum Ziele kommt.

In diesen Erschwerungen, die der Ablösung der Pfandbriefe vorangehen, liegt nun der Grund, weshalb der Gutsbesitzer die Forderungen der Pupillen-Behörden, die voreingetragenen Pfandbriefe löschen zu lassen, nicht erfüllen kann, denn diese können sich nicht dreiviertel Jahre im Voraus binden lassen.

Abgesehen von den Nachtheilen, die jede solche künstliche Erschwerung mit sich führt, drückt diese überdem auch auf den

Cours der Pfandbriefe, denn die natürlichen Käufer der Pfandbriefe (die Schuldner) werden dadurch vom Markte verdrängt, weshalb sie auch immer tiefer sinken werden, wenn man fortfährt den Umtausch gesetzlich zu verbieten.

Es bleibt uns jetzt noch übrig, den fünften der vorhin bezeichneten Punkte zu betrachten, welcher sich mit der Sorge beschäftigt, daß durch die Einführung eines Landesgeldes das Metallgeld nicht aus dem Lande gedrängt werde, sondern jederzeit eine so bedeutende Reserve desselben bewahrt bleibe, um beim Eintritt von Geldcrisen diesen möglichst begegnen zu können.

Man hat namentlich oft die Behauptung aufgestellt, daß die Ausgabe von Papier-Valuta das Metallgeld verschwinden lasse; unstreitig sind manche Erscheinungen vorgekommen, die dies zu bestätigen scheinen. Sich hiergegen zu sichern, ist daher nothwendig.

Wenn wir aber genauer untersuchen, unter welchen Verhältnissen diese nachtheiligen Folgen sich gezeigt haben, so war es immer nur da der Fall, wo von den Regierungen große Massen Papiergeld, auf den Staatscredit gestützt, ausgegeben wurden, und wo in der Regel finanzielle Verlegenheiten der Regierung dadurch gedeckt werden sollten, wie dies früher in Oesterreich, in Dänemark und in Frankreich, besonders während der Revolutionszeit, vorgekommen ist. Bei den Noten einer Landesbank kann dies aber nie befürchtet werden, insofern ihr zur Pflicht gemacht wird, stets einen bedeutenden, im Verhältniß zu den ausgegebenen Noten stehenden, baaren Fond in ihrem Tresor zu bewahren, und die Erfüllung durch eine strenge Controle überwacht wird. Im Gegentheil, Landes-Zettelbanken allein sind vermögend, das Opfer zu tragen, welches darin liegt, eine bedeutende Summe baaren Geldes für den Fall aufzubewahren, wo durch außerordentliche Bewegungen auf den Welt-Börsen und die daraus entspringenden Geldcrisen der letzte Repräsentant der Werthe, das Metallgeld, vermittelnd hervortreten muß.

Die Wirkung, welche die auf einen Punkt angehäuften, und, außer der Realisation der Noten, diesem Zweck gewidmeten Metall-Kapitalien haben, wird aber stärker durch ihre Concentration und durch die augenblickliche Hülfe, welche sie jederzeit da, wo es nöthig ist, gewähren können, während vielleicht dieselben Summen, wenn sie in den Kassen von tausend Banquiers, Kaufleuten und Fabrikanten ängstlich zur Abwehr möglicher eigener Verlegenheiten bewahrt werden, als nicht vorhanden zu betrachten sind.

Ueberhaupt wird die Noth gewöhnlich nur durch die Furcht geboren, es könne eine solche entstehen, und da nichts furchtsamer ist, als der Credit und der Glaube an die Zahlungs-Fähigkeit der Schuldner (in unseren frivolen Zeiten) kein blinder ist, so beruhigt nichts mehr als der Anblick großer baarer Fonds, die sich im Tresor der Bank befinden.

Da es nun zu einer der fünf Haupt-Anforderungen des normalen Geldsystems gehört, durch das Bereit-halten großer baarer Fonds den Erschütterungen des inneren Verkehrs vorzubeugen, welche, wenn dies nicht der Fall ist, durch Geldcrisen so häufig bewirkt werden, und da ferner nur Landes-Zettelbanken im Stande sind so große Summen baaren Geldes dem Verkehr zu entziehen, ohne ihm sein Lebensprinzip zu rauben, so ist auch aus diesen, wie aus so vielen anderen vorhin entwickelten Gründen die Einführung eines zweckmäßigen Geldsystems nur möglich, wo solche Institutionen bestehen. Von der Annahme und Befolgung desselben ist wiederum der Aufschwung der Industrie und der Flor des Ackerbaues abhängig, während ohne ein solches die materielle Wohlfahrt des Landes in die Hände der Geldfürsten gegeben ist, und ein Spielball der Gewinnsucht eines das Hasardspiel liebenden Publikums bleibt. Daß eine Staatsbank, ohne die größten Opfer zu bringen, unvermögend sei, so große baare Fonds zu dem vorhin bezeichneten Zweck todt niederzulegen, leuchtet ein; wie bedenklich, ja zweckwidrig es sein würde, wenn die Regierung selbst eine große Zettelbank für eigene Rechnung errichten wollte, ist vorhin nachgewiesen. Welches weite Feld der Einwirkung sich ihr öffnet, wenn sie auch großen Privat-Fonds diejenige Richtung geben kann, durch welche die allgemeine Wohlfahrt gefördert wird, muß jeder Staatsmann einsehen, nur müssen wir noch mit zwei Worten einer Behauptung erwähnen, die zu Gunsten der Staatsbanken sprechen soll. Es wird gesagt die Regierung müsse den Gewinn, den Banken gewährten, selbst machen, dann käme dieser dem Ganzen und nicht, wie bei Privat-

Banken, dem Einzelnen zu Gute. Dies ist die alte Lehre der Staatsmonopole, nach welcher die Regierung auch bürgerliche Geschäfte treiben soll, eine Lehre, die längst von allen aufgeklärten Staatsmännern verworfen ist, und die nur noch in ihrer ganzen Consequenz in Aegypten durch Mehemed-Ali verwirklicht wird. Allein je umfangreicher der Geschäfts-Betrieb einer Staats-Bank ist, je weiter sie sich von ihrem nächsten Ziele, die Geldgeschäfte der Regierung zu besorgen, entfernt, um so weniger wird sie abwerfen. Unsere Bank benutzt die Zinsen von 6 Millionen Staatsschuldscheinen und anderweitige baare Staatsfonds, im Budjet vermißt man aber jede Abführung von Ueberschüssen. Daß übrigens Privatbanken der Regierung weit größeren direkten und indirekten Nutzen bringen können als jede Staats-Bank, behalten wir uns vor, bei einer anderen Gelegenheit zu erweisen, hier vermeiden wir es aus guten Gründen, darauf weiter einzugehen.

Die gegenwärtigen politischen und kirchlichen Bewegungen sind allein schon bedeutend genug, um ernstliche Besorgnisse allen Denen einzuflößen, welche mit Liebe an König und Vaterland hängen. Inzwischen ist zu hoffen, daß es der Weisheit eines um die Wohlfahrt seines Volks bekümmerten Königs und dem gesunden Sinn, der in der großen Masse des preußischen Volks vorherrscht, gelingen werde, auf moralischem Wege eine glückliche und segensreiche Lösung herbeizuführen. Sollten aber die Mittel, welche sich darbieten, um die materielle Wohlfahrt wieder herzustellen, unbeachtet bleiben, so geht Preußen einer trüben Zukunft entgegen.

Vor Allem muß die Hülfe bald eintreten, sehr bald, wenn sie noch helfen soll, sie muß weiter reichen als die Mauern von Berlin, denn diese große Residenz ist nicht Preußen; sie muß nicht in kleinen Aushülfen bestehen, sondern sie kann nur durch großartige organische Institutionen, wie sie vorhin angegeben sind, bewirkt werden.

Am Schluß dieser Abhandlung bitten wir um die Erlaubniß, der langen Rede kurzen Sinn dem Gedächtniß des Lesers zurückrufen zu dürfen.

Die Einleitung hat sich zuerst mit der Bedeutung beschäftigt, welche das Geld nach und nach dadurch erhalten hat, daß es nicht mehr der Vermittler beim Handel geblieben ist, sondern sich zum Maaßstabe des Werthes aller Dinge erhoben hat, und gleichsam alle irdischen Werthe repräsentirt. Es ist gezeigt worden, welchen Einfluß es dadurch nicht allein auf die Lebens-Verhältnisse der Einzelnen, sondern auch auf die Wohlfahrt der Völker gewonnen hat, wie es alle materiellen Interessen, und mit diesen die geistigen, die ein höherer Wille hienieden eng verbunden hat, beherrscht, und wie in seiner Hand die Schicksale der Völker ruhen.

Es ist ferner entwickelt worden, wie es in der Freiheit des Menschen liege, dem Mammon zu dienen, oder sich des Willenlosen zu bemeistern, um wiederum durch ihn die Verhältnisse selbst zu beherrschen, neue Schöpfungen entstehen zu lassen. In gerechter Schlußfolge ist dann gezeigt, wie es eine der dringendsten Aufgaben jeder Regierung sei, sich der Macht zu bemeistern, welche die Welt regiert, und in deren Hand das Schicksal der Staaten wie der Einzelnen liegt.

Allein wir durften es zugleich nicht verschweigen, wie wenig man dies bisher erkannt habe, welche Gefahr hierin liege und welche traurigen Folgen daraus entstanden sind, daß man den Wohlstand und die Gewerbthätigkeit des Landes von den Schwankungen eines, durch ungemessene Begierde fieberhaft bewegten, Geldmarktes abhängig gelassen habe.

Dann zu dem eigentlichen Zweck dieser Abhandlung übergehend, haben wir die Aufmerksamkeit darauf gerichtet, wie höchst nöthig es sei, die Geld-Verhältnisse nach einem festen, dem Zweck entsprechenden System zu ordnen: denn nur, wenn man ein auf die vorhandenen Bedürfnisse wohlberechnetes System mit Consequenz verfolgt, darf man hoffen, das Ziel zu erreichen.

Als die wesentlichsten Punkte, welche Berücksichtigung verdienen, um die Geld-Verhältnisse vollständig zu ordnen und dem Lande die Wohlthat, die daraus entspringt, zu sichern, haben wir bezeichnet, daß das Geld als das Medium des Verkehrs und als Repräsentant des Kapitals, immer dem jedesmaligen Bedürfniß entsprechend, vorhanden sein müsse, dies jedoch einestheils nur durch die Einführung einer Papier-Valuta bewirkt werden könne, welche durch Metallgeld, nicht aber durch den Staatscredit repräsentirt wird; anderntheils, daß Landes-Zettelbanken, mit großen baaren Fonds ausgestattet, bestehen müssen, die geeignet wären, dem Credit eine feste Basis zu geben, einem Credit, der vermögend ist, die Geschäfte im Großen zu betreiben, und der die Repräsentation des Geldes nur in seltenen Fällen in Anspruch zu nehmen braucht.

Nicht minder wichtig als das Vorhandensein des Geldes, ist seine freie Verbreitung durch alle Adern des großen Staats-Körpers; wo diese fehlt, entsteht Lähmung, es erkranken die Glieder und dadurch wird die Gesundheit des ganzen Körpers geschwächt.

Von dieser Ueberzeugung geleitet, darf sich das normale Geldsystem nicht darauf beschränken, den Handel und die Industrie zu beleben, sondern es wendet eine gleiche Aufmerksamkeit der Sicherung des Credits der Grund- und Hausbesitzer, sowie der möglichst höchsten Benutzung des Kapitals zu, mit einem Worte, seine Aufgabe ist: zu beleben, zu erhalten und möglichen Verlegenheiten vorzubeugen, mindestens ihre nachtheiligen Folgen zu vermindern.

Was die Einführung und Verfolgung eines solchen Geldsystems betrifft, so kann diese, wie gezeigt ist, nur von der Landes-Regierung ausgehen: keineswegs aber, indem sie selbst, oder durch Association mit Privaten bürgerliche Gewerbe treibt, sondern wie es ihrer Stellung als regierenden Behörde angemessen ist, durch die Gesetzgebung und durch organische Institutionen; in diesen bietet sich ihr ein weites und schönes

Feld des Wirkens dar, hier findet sie die Mittel durch den Reichthum, den sie über das Land verbreitet, sich eine segenbringende Erweiternng ihrer Finanz-Quellen zu schaffen. Daß die Regierung übrigens durch eine unzweckmäßige Verwaltung ihrer eigenen Finanzen nicht störend eingreifen darf, folgt hieraus von selbst, und mithin auch, daß sie es zu vermeiden suchen müsse, größere Summen in den Staats-Kassen todt liegen zu lassen als unerläßlich ist; desgleichen daß sie den Geldverkehr nicht durch Monopole lähmen, den Staatscredit durch die Ausgabe von Papiergeld gefährden dürfe.

Das normale Geldsystem ist unverträglich mit jeder Anomalie im Geldwesen, es fordert die freieste Bewegung unter einer sachverständigen höheren Leitung. Es fordert weise Benutzung der Mittel und möglichste Concentration der Kräfte; es geht von dem Gesichtspunkte aus, daß das Geld einmal seinem Eigenthümer und zum Andern der Gesammtheit gehöre, und kennt keine Trennung der Interessen zwischen König und Volk; es findet endlich in dem Reichthum des Landes den eigentlichen wahren Schatz der Regierung, weil es in dem Monarchen die Verkörperung und Verherrlichung des Ganzen erblickt.

Schlußwort.

Bereits hatten wir das Manuscript der hier dem Publikum übergebenen Schrift zur Presse gesandt, als uns von mehreren Seiten her Bedenken gegen die Errichtung von Privat-Landeszettelbanken erhoben wurden; man wandte ein, es bilde sich dadurch der Regierung gegenüber eine Macht im Staate.

Die Widerlegung dieser Behauptung ist in einem Augenblick, wo das Land nur durch Privatbanken vor großen weiteren Erschütterungen bewahrt werden kann, zu wichtig, um derselben hier nicht noch einige Worte zu widmen. Zwar glauben wir in der vorstehenden Schrift den Leser in den Stand gesetzt zu haben, solchen Einwendungen selbst begegnen zu können, allein wir wollen jetzt die dort ausgesprochenen Prinzipien auf den gegenwärtigen Fall anwenden.

In der vorliegenden Schrift ist vor Allem auf die Nothwendigkeit hingewiesen, der Regierung es möglich zu machen sich der Geldbewegung zu bemeistern und diese zu leiten; dies ist aber nur thunlich, wenn eine Haupt-Geldmacht im Staate besteht, welche dem Verkehr eine Stütze gewährt, von der Regierung überwacht und in der Richtung geleitet wird, wie es die höheren Staatszwecke fordern.

Daß eine von der Regierung unabhängige Geldmacht, wie sie sich in den großen Banquiers findet, ihr und dem Lande nachtheilig werden kann, ist außer Zweifel, und zwar kann dies auf mannigfache Weise geschehen, einmal dadurch, daß solche Geldmacht die Börsen beherrschen und diejenigen Kaufleute, Fabrikanten und Gewerbtreibenden, die mit mäßigem Vermögen ein übrigens solides Geschäft betreiben, beschatzen kann, was eine Staatsbank nicht zu hindern vermag, weil sie ihr Geschäft nur auf ganz notorisch sichere Personen ausdehnen darf;

zum Andern dadurch, daß möglicher Weise, wie Lafitte davon ein Beispiel gegeben hat, ein solches mächtiges Haus seine Mittel zur Förderung von Staatsumwälzungen verwende. Durch eine Landesbank, mit großen Fonds versehen, wird dieser Einfluß der außerhalb jeder Regierungs-Controle stehenden Banquiers zum Nutzen der Betriebsamkeit geschwächt. Die soliden, wenn auch nicht reichen Kaufleute und Fabrikanten finden bei ihr Unterstützung, und werden dadurch dem Wucher und zugleich dem Einfluß der mächtigen Geldfürsten entrissen, welche thöricht genug sein sollten politische Bewegungen hervorzurufen. Eine Actien-Gesellschaft, welcher durch das ihr von der Regierung ertheilte Grundgesetz eine zur Förderung der höheren Landeszwecke führende Richtung gegeben worden ist, und welche von dieser streng überwacht wird, ist einzig und allein im Stande, einer Regierung die Geldmacht im Lande zu sichern. Es kann nichts klareres geben als dies, denn dadurch sammeln sich die Kapitalien der Privaten, um der Regierung große Mittel zur Disposition zu stellen; jeder Mißbrauch aber wird unmöglich, da das Statut und die Oberaufsicht des Staats dies hindern.

Eine große Societät von Kapitalisten, welche der Natur der Sache nach ihr Kapital hingeben, um es zu benutzen, und deren Einwirkung sich darauf beschränkt, daß ihnen dieses gesichert bleibe und Zinsen trage, wird weder den Verkehr unterjochen noch einen politischen Einfluß üben, wenn die Regierung ihre Schuldigkeit thut, was doch vorauszusetzen ist.

Eine Staatsbank dagegen kann nie den Geldverkehr im Lande beherrschen, wie in der vorhergehenden Schrift klar nachgewiesen ist. Sie kann dies nur dann, wenn das Land durch Nicht-Annahme eines festen Geldsystems in Armuth und Noth versetzt wird; das kann jedoch nimmermehr der Zweck einer weisen, um das Wohl der Unterthanen und die Erhaltung des Staats besorgten Regierung sein.

Durch die Ausschließung von Landesbanken und durch Erweiterung des Wirkungskreises von Staatsbanken verliert die Regierung nicht allein ihren Einfluß auf die Regelung der Geldverhältnisse, sondern sie überträgt einer einzelnen Verwaltungs-Partie eine Macht, durch die sie selbst in eine nicht zu billigende Abhängigkeit von dieser kommt, und zwar in einem um so höheren Grade, wenn diese Behörde, von dem Finanz-Ministerio getrennt, isolirt dasteht.

Wir abstrahiren hier ganz von allen Persönlichkeiten, dem Schriftsteller liegt es ob, das der Regierung heilsamste System hervorzuheben, er darf nur die Sachen ins Auge fassen, und daher fühlen wir uns verpflichtet, den Gegenstand noch weiter zu beleuchten.

Angenommen die Regierung wollte und könnte der Staats-Bank ohne Verletzung des Gesetzes vom 17. Januar 1820 so große Fonds zuweisen und so viel neues Papiergeld in Circulation bringen, um der Geldnoth ein Ende zu machen und dem Verkehr einen neuen Aufschwung zu geben, so würde sie die ungeheure Macht, die darin liegt, von dem regelmäßigen Organismus der Staatsverwaltung getrennt, der Leitung einer einzelnen Persönlichkeit anvertrauen, und sich mithin dieses wichtigsten Zweiges der Verwaltung begeben.

Hiergegen könnte man einwenden, die Regierung habe es ja in ihrer Macht, wenn dies zu Collisionen und Uebergriffen führen sollte, es jeder Zeit abzustellen. Daß sie dies nicht kann, darin liegt eben das Bedenkliche: denn ihr fehlt nicht nur alle Controle, um ein eigenes begründetes Urtheil fällen zu können, und sie ist daher genöthigt das als richtig anzunehmen, was ihr berichtet wird, sondern es steht auch fest, daß eine solche Bank, die mit dem ganzen Verkehr verwachsen ist, nicht, ohne die heftigsten Erschütterungen hervorzurufen, wieder wie so manche andere Einrichtungen aufgehoben werden kann, die heute gegeben und nach 6 Monaten wieder beseitigt werden, ohne daß besondere Nachtheile daraus entstehen. Ja man darf es nicht verkennen, daß eine solche isolirt hingestellte Institution in dem Maaße, als ihre Wirkung zunimmt, ein Staat im Staate werde, welchem sich bei Collisionsfällen die Sach-Minister unterordnen müssen.

Was nun endlich die Ansicht betrifft, es ließe sich eine Staatsbank mit Theilnahme von Privaten denken, so wäre dies das allerverderblichste, was nur erfunden werden könnte. Da wir nicht gern mit halben Gründen auftreten, und da wir der Herausgabe dieser Schrift keine weitere Verzögerung bereiten möchten, so wollen wir uns diesmal auf eine Autorität, aber auf eine sehr gewichtige berufen. Als im Jahre 1823 dem hochseligen Könige ein ähnlicher Plan zur Errichtung einer Nationalbank vorgelegt ward, zeigte sich seine klare und richtige Auffassung in dem Bescheide, „die Seehandlung solle nicht Theilnehmer werden, dieser Punkt solle fortbleiben.“ Der König erkannte es, daß es nicht die Stellung des preußischen Monarchen sei, mit andern Spekulanten ein gemeinschaftliches Geschäft auf Kosten seiner Unterthanen zu betreiben; „gegen eine National-Bank, mit großen Fonds dotirt, sei nichts zu erinnern,“ so war der Schluß der Bescheidung.

Bülow-Cummerow.

Gedruckt bei Julius Sittenfeld in Berlin.

FSC
www.fsc.org
MIX
Papier | Fördert gute Waldnutzung
FSC® C083411

Kolibri 360 GmbH
Ferdinand-Jühlke-Straße 7
99095 Erfurt, Deutschland
produktsicherheit@kolibri360.de